Der grüne Blackout

WARUM DIE ENERGIEWENDE NICHT FUNKTIONIEREN KANN

ALEXANDER WENDT

Alexander Wendt:
Der Grüne Blackout
Warum die Energiewende nicht funktionieren kann

2. erweiterte und korrigierte Auflage

edition blueprint
Trogerstraße 46
81675 München

Produktion: www.booklift.de
Webseite: www.alexander-wendt.com

ISBN-13: 978-1500603472
ISBN-10: 1500603473

Der grüne Blackout

WARUM DIE ENERGIEWENDE NICHT FUNKTIONIEREN KANN

ALEXANDER WENDT

● edition blueprint

Die Menschen stolpern nicht über Berge,
sondern über Maulwurfshügel.
– Konfuzius

INHALT

SCHÖNE GRÜNE WELT

Ich gebe zu: etwa um das Jahr 2000 herum hielt ich es für eine brauchbare Idee, dass Deutschland irgendwann den größten Teil seines Stroms aus Wind und Sonne erzeugen könnte. Jedes Zukunftsbild wirkt aus der Entfernung von mehr als zehn Jahren rührend und märchenhaft. Man muss sich dazu nur die Glaskuppelstädte mit fliegenden Autos anschauen, die Zeichner in den Sechzigern für das Jahr 2000 entworfen hatten. In meinem Bild von der näheren Zukunft drehten sich jedenfalls ein paar mittelgroße Windräder, kleine Geothermiekraftwerke zapften Erdwärme ab, und über die Straßen surrten Elektrowägelchen.

Mir ging es weniger um die Einsparung von Kohlendioxid. Aber die Aussicht, künftig auf Öl- und Gasimporte aus Ländern von lupenreinen Potentaten verzichten zu können, schien mir durchaus reizvoll. Vielleicht lag es an diesem Interesse, dass ich schon zum Beginn des vergangenen Jahrzehnts die Installation der ersten Windparks und Solaranlagen verfolgte, und dass ich mich mit Subventionen, Wirkungsgraden und Stromspeichern beschäftigte. Wer einmal damit beginnt, stößt schnell auf Fragen. Warum erhalten die Grünstromproduzenten ihre garantierten Subventionen über 20 Jahre, also über den gesamten Abschreibungszeitraum ihrer Anlage?

War nicht ursprünglich von Anschubsubventionen die Rede? Warum verkündeten die Solar-, Wind und Biogaslobbyisten, Ökostrom werde immer wirtschaftlicher – und fanden sich dann in orchestrierter Empörung zusammen, wenn die Subventionen auch nur um ein paar Cent sinken sollten? Warum fiel der Wirkungsgrad von Wind- und Sonnenkraftwerken, berechnet auf das ganze Jahr, so dürftig aus? Und wo sollten eigentlich die Speicher entstehen, um die Überschüsse der ewig schwankenden Grünstromproduktion zu bunkern?
Auf die Fragen gab es auch Antworten, und um sie zu bekommen, muss ein Journalist noch nicht einmal heimlich Informanten in Berliner Tiefgaragen treffen. Es reichte völlig aus, Berichte der Bundesnetzagentur zu lesen, Statistiken, Zahlen der Leipziger und Pariser Strombörse. Es genügte, ministerielle Prognosen über die Entwicklung der Ökoenergiekosten aus dem Archiv zu holen, und sie mit der Realität zu vergleichen, die zuverlässig teurer ausfiel.

Wer dieses tausendseitige Statistikmaterial auf einem Stapel sieht, der dürfte diese Beschäftigung ungefähr für so aufregend halten wie die Herstellung eines Mandalas im Staub auf dem Kleiderschrank. Begibt sich ein neugieriger Rechercheur allerdings wirklich in dieses Zahlendickicht, dann merkt er: Wir haben es mit einem veritablen Thriller zu tun, dem keine spannungsfördernde Zutat fehlt – Strippenzieher, die ein Gesetz für eine Branche maßschneidern, schwer durchschaubare Transfers von Milliardensummen. Großzügige Zuwendungen an Parteien, Firmen, die unter grünem Label Subventionen und Anlegergelder schlucken. Ab einem bestimmten Punkt endet deshalb der romantische, futuristische oder gleichgültige Blick auf das Projekt Energiewende. Und es öffnet sich ein Panorama der Gier, des dreisten Lobbyismus und einer erstaunlichen politischen Willfährigkeit.

Bis vor kurzem gab es immer eine sehr zuverlässige Methode, um das Wohlwollen ansonsten freundlicher Menschen zu riskieren: Ich brauchte nur zu erwähnen, dass ich die Komplettumstellung der deutschen Stromversorgung für ein planloses und egoistisches Projekt hielt. In diesem Moment breitete sich zuverlässig eine frostige Stimmung aus. Nicht, dass mir meine Gesprächspartner daraufhin komplexe Argumente an den Kopf geworfen hätten. Eine Standardentgegnung lautete: Ach, du findest wohl Kernkraft gut? Wenn ich meinen Zweifel an der Weisheit des Plans durchblicken ließ, beispielsweise gleich neben den Drachenfels über dem Rhein einen Windpark in ein Flora-Fauna-Habitat-Gebiet zu klotzen, dessen Rotoren in diesem ausgeprägten Schwachwindgebiet noch nicht einmal nennenswerte Energieausbeute versprechen, hieß es: Willst du lieber einen Braunkohlemeiler am Rhein?

Ein paar Leute fanden außerdem meine habituelle Tarnung hochgradig tückisch. Ihnen kam es besonders verdächtig vor, wenn ein Fahrradfahrer und Vegetarier mit einem – verglichen mit Margot Käßmann – ökologischen Minifußabdruck solche Zweifel an dem Jahrhundertprojekt Grünstrom äußerte.

Jedenfalls, als ich im Oktober 2013 damit anfing, „Der grüne Blackout“ zu schreiben, tat ich das im Bewusstsein, zu einer kleinen skurrilen Minderheit zu zählen. Ich saß Abend für Abend inmitten von Recherchematerial: Berichte über den Phantomstrom etwa, den Windradbetreiber gar nicht produzieren, aber trotzdem vergütet bekommen, oder über Ökostrom, der in Deutschland erst teuer produziert und anschließend noch einmal teuer nach Frankreich verklappt wird. Oder Daten über die Verluste, die etwa jeder dritte so genannte Bürgerwindpark trotz aller Subventionen einfährt.

Wie weit draußen ich bei meiner Recherche stand, machte mir aus der Ferne ein deutsches Delegationsmitglied der Weltklimakonferenz in Warschau klar, die erklärte, die Energiewende sei das größte Projekt ihres Landes seit dem Zweiten Weltkrieg, und die Bevölkerung würde es nahezu geschlossen unterstützen.

Während ich die letzten Kapitel schrieb, änderte sich etwas in der Stimmung des Landes. Ein kleiner Meinungsklimawandel deutete sich an. Nach einer Forsa-Umfrage glaubten nur noch 9 Prozent der Befragten an eine Vollversorgung Deutschlands mit Ökostrom. Im Jahr 2011 lag dieser Anteil noch bei 39 Prozent. Die Umfrage schaffte es zwar nur in sehr wenige überregionale Medien, fand aber im Berliner Regierungsviertel und in den Landeshauptstädten offenbar Leser. Selbst der grüne Energiewendeminister von Schleswig-Holstein, Robert Habeck, meinte Ende 2013, die festen Vergütungen für Ökostrom seien zu hoch, sie müssten sinken, sonst würde es bald gar keine Unterstützung der Bürger für Windräder und Solarkraftwerke geben. Und Sigmar Gabriel, als neuer Energiewendeminister frisch vereidigt, erklärte in einem seiner ersten Interviews, er finde erstens, der Atomausstieg sei 2011 zu hastig durchgepaukt worden, zweitens könne Deutschland nicht gleichzeitig aus Atom und Kohle aussteigen.

Und drittens: die Förderkosten für Ökostrom müssten dringend gesenkt werden.

Im Februar 2014 schließlich kam ein Sachverständigenrat der Bundesregierung zu dem Schluss, das Erneuerbare-Energien-Gesetz trage so gut wie nichts zur technischen Innovation bei, und sollte daher schleunigst abgeschafft werden.

Plötzlich fühlte ich mich mit meinen Buch nicht mehr ganz als Außenseiter.

Warum müssen wir uns überhaupt mit diesem komplexen Thema herumschlagen? Weil es um unser Geld geht, um unsere Landschaft, um unsere Aussicht, auch in Zukunft in einem funktionierenden Industrieland zu leben.

Ein paar Mal im Jahr bekommen die meisten Deutschen Unterlagen von ihren Stromversorgern zugeschickt, die sie nicht verstehen. Sie verstehen sie nicht, und folglich entscheiden sie sich dafür, sie zu ignorieren, bis auf die Summe, die ganz unten steht: der Betrag, den der Energielieferant von ihnen verlangt. Von diesem Betrag wissen die Kunden immerhin, dass er steigt – obwohl wir beim Waschmaschinenkauf auf das Energiesparsymbol achten und daran denken, die Standby-Funktion am Fernseher auszuknipsen. Wenn wir für Strom bezahlen, dann zahlen wir mit der Hälfte unseres Geldes Steuern, Abgaben und Umlagen. Die meisten kennen zwar mittlerweile den Begriff EEG-Umlage: Mit diesem Aufschlag nach dem Erneuerbare-Energien-Gesetz, der auf jeder verbrauchten Kilowattstunde liegt, finanzieren wir seit dreizehn Jahren die staatlich festlegten Garantiepreise für den Strom aus Wind, Sonne und Biogas. Aber was versteckt sich hinter der Offshore-Haftungsumlage? Wofür haften wir? Was zahlen wir mit der Paragraph-19-Umlage? Warum steigt unser Strompreis überhaupt, während der durchschnittliche Strompreis an der Leipziger Strombörse Jahr für Jahr fällt, an vielen Tagen sogar auf Null?

Wie lange soll der Strompreis eigentlich noch steigen? Die ehrliche Antwort lautet: Wenn das Subventionssystem so weiter läuft, noch weit bis ins nächste Jahrzehnt.

Senkt die Energiewende dann wenigstens den Kohlendioxidausstoß Deutschlands?

Leider nein. Sie steigert ihn.

Entstehen Millionen grüne Jobs? Nein, noch nicht einmal hunderttausend. Und von den wenigen Unternehmen der Solarbranche produzieren nahezu alle Verluste. Aber wer Geld in eine Ökostromanlage investiert hat, der steht doch zumindest auf der Gewinnerseite? Leider auch nicht. Tausende Windkraftinvestoren verlieren trotz der Subventionen Geld.

Wenn so viele zu den Verlierern gehören – wer profitiert dann eigentlich?

Blackout bedeutet bekanntlich nicht nur Energieausfall, sondern auch: den plötzlichen Verlust der intellektuellen Reflexionsfähigkeit, kurz, den Verlust des Verstandes. Genau diesen Eindruck gewinnen zurzeit viele ausländische Beobachter Deutschlands. Ist es möglich, dass dieses rationale Volk Jahr für Jahr Milliarden in einen planwirtschaftlichen Umbau der Energiewirtschaft pumpt, obwohl das Projekt fast alle selbst gesetzten Ziele verfehlt? Kann es sein, dass die drittgrößte Industriemacht der Welt sehenden Auges ihren Status riskiert? Dass etwas fundamental in Irre läuft, räumen inzwischen auch Politiker der großen Koalition ein, etwa Wirtschafts- und Energieminister Sigmar Gabriel, der 2014 feststellt, die Energiewende stünde „kurz vor dem Scheitern".

Möglicherweise wäre eine die Energiewende besser verlaufen, wenn die zuständigen Politiker sie von vorn herein anders konstruiert hätten. Wenn sie weniger den Interessen kleiner Gruppen gefolgt wären, wenn sie sich Zeit zum Nachdenken und zur Korrektur gelassen hätten. Die teils völlig paradoxen technischen Probleme des Projekts scheinen kaum lösbar, und sie verschärfen sich – wenn das Subventionssystem weiterläuft wie bisher – von Jahr zu Jahr. Und das, obwohl die bis zum Jahr 2050 konzipierte Energiewende noch ganz am Anfang steht. Möglicherweise wäre also das Vorhaben unter anderen Bedingungen besser gediehen. Die Energiewende, wie wir sie kennen, kann nicht funktionieren. Und das liegt nicht an ein paar falsch justierten Stellschrauben. Es liegt an ihrer Konstruktion.

Tun wir also das, was die größte Klarheit verspricht: Folgen wir der Spur des Geldes.

1 – DIE GROSSE ILLUSION

Wie sich die Ökostrom-Pioniere verrechneten

Das Gesetz, das niemand kommen sah

Als der damalige Umweltminister Jürgen Trittin im Jahr 2004 gefragt wurde, wie viel der Ausbau von Sonnen- und Windenergie die Deutschen am Ende kosten werde, wagte er eine erstaunlich genaue Antwort: einen Euro pro Monat und Durchschnittsfamilie, „so viel wie eine Kugel Eis." Seiner Auskunft haftete ein unbestreitbarer Charme an. Eine Kugel Eis – das klang unterschwellig so, als sollten die Stromkunden nichts zahlen, sondern eigentlich noch etwas bekommen. Die Kosten für die erneuerbaren Energien entwickelten sich bekanntlich anders. Und bei genauerem Hinsehen verlief bei der Energiewende kaum etwas auch nur annähernd so, wie es Politiker und Experten vorausgesagt hatten. Der Streit über die Energiewende kreist deshalb heute um die Frage, wer daran die Schuld trägt. Der Begriff Schuld suggeriert allerdings, dass Minister und Fachleute schon vor gut zehn Jahren hätten wissen müssen, in welchen Problemen der Energiemarkt heute steckt. Wer ganz an den Anfang einer beeindruckenden Kette von Irrtümern, Fehlern und Täuschungen gelangen will, muss weit zurückgehen. Und die Antwort fällt nicht ganz so einfach aus wie Trittins Eiskugelprognose.

Im Herbst 1999 schrieben vier Bundestagsabgeordnete Geschichte, vier Parlamentarier, von denen nur einer, der Sozialdemokrat Hermann Scheer, zu den bekannteren Politikern gehörte. Scheer saß der Vereinigung Eurosolar vor, einer 1988 gegründeten Lobbyorganisation, die bis heute für das Ziel einer hundertprozentigen Versorgung mit erneuerbaren Energien wirbt. Bei Eurosolar spielte Scheer die Rolle des unumstrittenen Anführers; den Vorsitz hatte er von 1988 bis zu seinem Tod am 14. Oktober 2010 inne. Seine Frau Irm Portnagel arbeitete jahrelang als Geschäftsführerin des Vereins. Beinahe wäre Hermann Scheer 2008 hessischer Energieminister in einem rot-rot-grünen Kabinett geworden, wenn damals nicht vier andere Abgeordnete aus der Tiefe der Wiesbadener Fraktion heraus die Zustimmung zu Andrea Ypsilantis Wahl verweigert hätten. Aber Scheer brauchte nie ein staatliches Amt. Zusammen mit einem anderen Sozialdemokraten und zwei Grünen brachte er das wahrscheinlich wirkungsmächtigste Gesetz der Bundesrepublik auf den Weg – das Erneuerbare-Energien-Gesetz, kurz: EEG.

Bis heute herrscht ein reger Transfer von Eurosolar-Ideen in die aktuelle Politik. Die neue Grünen-Chefin und ehemalige saarländische Umwelt- und Energieministerin Simone Peter arbeitete als wissenschaftliche Mitarbeiterin bei Eurosolar; Hermann Scheers Tochter Nina Scheer, selbstredend ebenfalls Eurosolar-Mitglied, vertritt die Ziele des Vereins als SPD-Bundestagsabgeordnete. Misst man das Verhältnis von

Größe und Wirkung, dann gab es in der Bundesrepublik vermutlich nie einen erfolgreicheren Lobbyverein.

Die Entstehung des Erneuerbare-Energien-Gesetzes gehört zu den bemerkenswertesten Fällen der Parlamentsgeschichte: Kein Partei- oder Wahlprogramm kündigte es an, ihm ging praktisch keine öffentliche Debatte voraus. Die meisten Abgeordneten, die dafür die Hand hoben, verstanden erklärtermaßen wenig bis nichts von seinem Inhalt und glaubten fest daran, ein Nischenthema abgehakt zu haben, eines der Dinge, die der damalige Kanzler Gerhard Schröder unter dem Begriff „Gedöns" zu subsumieren pflegte.

Dieses EEG setzte bisher – schon geleistete Zahlungen und fest zugesagte Verpflichtungen zusammengenommen – über 400 Milliarden Euro in Bewegung. Es krempelte die Energieversorgung des größten europäischen Industrielandes innerhalb von 13 Jahren völlig um. Das EEG schuf Hunderttausende von Profiteuren und eine gewaltige Solarindustrie – allerdings hauptsächlich in China. Und es sorgte dafür, dass die Stromkosten, um die sich vor 13 Jahren kaum jemand kümmerte, zum zentralen Streitthema avancierten. Nicht nur in der Politik, sondern auch zwischen Bürgern, nicht nur in der Bundesrepublik, sondern auch zwischen Deutschland und der EU.

Außer Scheer gehörten der Oldenburger SPD-Abgeordnete Dietmar Schütz, der Hammelburger Grünen-Parlamentarier Hans-Josef Fell und die damalige energiepolitische Sprecherin der Grünen-Fraktion Michaele Hustedt zu der kleinen Truppe. Darüber, wer das Urheberrecht an dem Gesetz beanspruchen kann, gehen die Erzählungen heute etwas auseinander. Hans-Josef Fell, der später Vizepräsident von Eurosolar wurde, erinnert sich, die entscheidende Vorarbeit für das Gesetz geliefert zu haben. Er kam 1998 neu in den Bundestag, zum Start der rot-grünen Koalition unter Gerhard Schröder. In seiner Heimatstadt Hammelburg engagierte er sich schon vorher im lokalen Maßstab für die kostendeckende Vergütung der seinerzeit noch extrem teuren Solaranlagen. Ein staatliches Bonusprogramm für erneuerbare Energien existierte bereits mit dem Energie-Einspeisegesetz aus der Ära Helmut Kohls. Scheer, Fell und den anderen ging es jedoch um wesentlich mehr: darum nämlich, die Vergütungen für Sonnen- und Windenergie nicht nur zu steigern, sondern alles aus dem Weg zu räumen, was sie für ein Hindernis der Energierevolution hielten. „Ich habe mich einfach hingesetzt und zusammen mit meinen Mitarbeitern einen Entwurf geschrieben", sagt Fell. Nach seiner Schilderung überraschte seine Idee einer flächendeckenden garantierten Vergütung über den Zeitraum von 20 Jahren für erneuerbare Energien über den Zeitraum von 20 Jahren selbst die meisten Mitglieder seiner eigenen Partei: „Das stand damals gar nicht im Fokus unserer Führung und schon gar nicht in dem der SPD. Es war mir nicht gelungen, das Thema in den Koalitionsverhandlungen unterzubringen, und vorher hatte ich sie auch nicht ins Wahlprogramm der Grünen gebracht." Ein großer Teil der sozialdemokratischen Fraktion habe dieses Vorhaben sowieso abgelehnt, namentlich der damalige parteilose Wirtschaftsminister Werner Müller: „Der war strikt dagegen, auch im Kabinett." Trotzdem kam das Gesetz zustande, von dem Michaele Hustedt heute sagt:

„Das war für Rot-Grün das wesentliche Projekt.“ Hustedt zufolge übernahmen vor allem die juristisch geschulten Mitarbeiter der Abgeordneten die Feinarbeit an den Paragrafen. Der SPD-Mann Dietmar Schütz habe geholfen, die Unwilligen beziehungsweise von dem Vorhaben schlicht überrumpelten Mitglieder der großen Regierungsfraktion auf die eigene Seite zu ziehen. „Scheer war der Kämpfer, der hatte seine Truppen gut beieinander“, erinnert sich Hustedt. „Aber Hermann galt in seiner Partei auch ein bisschen als bunter Vogel. Deshalb war Schütz sehr wichtig, als es darum ging, eine Mehrheit in der SPD-Fraktion zu organisieren.“ Sie stimmten schließlich zu, weil die meisten Abgeordneten die Angelegenheit für ein Exotenthema und Leute wie Scheer für sympathische Sonderlinge hielten. Erneuerbare Energien spielten 1999 kaum eine Rolle, auf sie entfielen gerade einmal 5,4 Prozent der Stromproduktion. Die meisten Politiker rechneten auch nicht damit, dass sich das schnell ändern könnte. Deshalb, so glaubten sie, würden auch die Kosten in einem bescheidenen Rahmen bleiben, selbst bei sehr üppig angesetzten Subventionen für die einzelne Kilowattstunde Sonnen- und Windstrom.

Von Anfang an gehörte die hohe Einspeisevergütung für Solarenergie – 99 Pfennig – zum Kern des Gesetzes. Hier zeigte sich unverkennbar die Handschrift von Eurosolar. Diese Privilegierung schien dem parteilosen Wirtschaftsminister Werner Müller unvertretbar, er fand den Betrag viel zu üppig. Den ehemaligen Manager des Energiekonzerns VEBA hatte Gerhard Schröder als Seiteneinsteiger in sein Regierungsteam geholt. Zu Müllers Rhetorik gehört die Angewohnheit, Sätze, die ihm besonders wichtig erscheinen, mit „euer Ehren“

einzuleiten. „Euer Ehren, ich muss anmerken: die 99 Pfennig waren damals noch nicht einmal ganz kostendeckend für Solarinvestoren“, sagt er heute auf die Frage, was ihn am EEG gestört habe. „Die Leute mussten anfangs noch Geld mitbringen.“ Wenn fast eine Mark garantierte Vergütung pro Kilowattstunde nicht einmal ganz die Herstellungskosten deckten, dann, so Müllers Überlegung, sollte man diese Technologie vielleicht grundsätzlich woanders fördern, beispielsweise in Südeuropa: „Deutschland ist nun mal nicht gerade das Sonnenland.“ Aber schließlich stimmte er im Kabinett doch zu. Denn durch die Überzeugungsarbeit von Scheer, Schütz, Fell und Hustedt gab es mittlerweile eine Mehrheit in der rot-grünen Koalition, und Gerhard Schröder hielt es für nötig, dem grünen Partner einen Erfolg zu gönnen. Auch er hielt die praktischen Folgen des Gesetzes wegen der marginalen Rolle der Grünenergie für überschaubar. „Der Bundeskanzler“, erinnert sich Müller, „hat mich ins Gebet genommen“. Und so trat das EEG am 1. April 2000 in Kraft, ohne dass einer der Beteiligten geahnt hätte, welche Wirkung es entfalten sollte. Mit diesem Gesetz begann im Grunde das Großexperiment Energiewende, also die systematische Privilegierung der grünen Energien mit dem Ziel, alle anderen Arten der Stromerzeugung an den Rand zu drängen. Die Reaktorkatastrophe in Fukushima 2011 beschleunigte das Vorhaben zwar ungemein – doch die Blaupause war bereits elf Jahre vorher mit dem EEG entstanden. Seitdem änderten sich viele Details, nicht aber der einmal gestartete Umbau der deutschen Energieversorgung.

„Alle“, sagt Hustedt heute, „haben dieses Gesetz unterschätzt“.

Falsch, aber mit Methode

In keiner anderen modernen Demokratie statteten Politiker parteiübergreifend eine kleine Bevölkerungsgruppe jemals so umfassend mit wirtschaftlichen Sonderrechten aus. Normalerweise regt sich gegen eine derartige Privilegierung Widerstand, erst recht, wenn eine Mehrheit dafür die rapide steigenden Kosten übernehmen soll. An dieser Stelle kommt die moralische Wucht ins Spiel, ohne die die Energiewende nie in diese Milliardendimensionen hätte vorstoßen können.

Als sich die handgreiflichen Probleme der Ökoenergien schon vorhersehen ließen, im April 2010, schrieb der Grünstrom-Pionier Hermann Scheer wenige Monate vor seinem Tod in der Zeitschrift „Erneuerbare Energien“ zum zehnten Jahrestag des EEG einen Grundsatztext. Er liest sich wie sein politisches Vermächtnis:

„Das EEG hat Deutschland in die Position des Vorreiters gebracht – auch bei der Entwicklung und der Produktion erneuerbarer Energietechniken. Und das soll so bleiben...Das Erneuerbare Energien-Gesetz hat einen Strukturwandel eingeleitet, der unabdingbar und unumkehrbar ist (...) Weil das so ist, muss dieses Gesetz nahtlos weitergeführt werden (...) Den erneuerbaren Energien gehört die Zukunft.“

Im Oktober 2012 fragte ein Journalist der Zeitung „Freitag“ Scheers ehemalige Mitstreiterin Michaele Hustedt, wie sie das von ihr mitgeschaffene Gesetz sehe, da inzwischen eine heftige Diskussion über die steigenden Stromkosten losgebrochen sei. „„Diese Debatte finde ich jetzt total gefährlich.' Die werde von ‚Feinden' vorangetrieben, rutscht es ihr heraus."

Scheers und Hustedts Aussagen führen mitten ins Zentrum des Streits über ein politisches Großprojekt. Denn sie sagen viel aus über die Art und Weise, wie die Debatte über die Energiewende verläuft, ebenso wie die Passage aus Franz Alts Buch „Auf der Sonnenseite. Warum die Energiewende uns zu Gewinnern macht":

> *„Heute ist Herbstanfang. Die Jahreszeit zieht ins Gemüt. Die letzten kräftigen Sonnenstrahlen lassen die bunten Blätter draußen an den Ästen farbenfroh leuchten. Im Wald hinterm Haus beginnt schon der Rausch der Farben. (...) Der Herbst ist eine Jahreszeit beseelten Glücks. Es ist morgens, sieben Uhr. Sonnenaufgang – ein magischer Augenblick. Ich sitze an meinem Schreibtisch und sehe, wie sich die Sonne im Osten hinter dickleibigen Wolken über die Schwarzwaldberge des Murgtals schiebt. Sie wirft ihre ersten gelben Streifen über das Gebirge. Ich schließe die Augen. Die Sonne geht wieder einmal über der Erde auf – wie seit viereinhalb Milliarden Jahren jeden Morgen. (...) Je intensiver wir Menschen die Sonne betrachten, desto mehr überrascht sie uns. So geht es auch mir und uns, seitdem wir Solaranlagen auf unserem Dach haben."* [1]

---

[1] Franz Alt: Auf der Sonnenseite. Warum uns die Energiewende zu Gewinnern macht, Piper Verlag 2013

Wer die Auseinandersetzung über die erneuerbaren Energien und ihre Kosten verstehen will, der tut gut daran, Passagen wie die von Scheer, Hustedt und Alt zu lesen. Die Streiter für Solarkraft und Windräder in Deutschland befassen sich nach ihrem eigenen Verständnis nicht einfach mit normalen politischen und volkswirtschaftlichen Fragen. Sie teilen die Gesellschaft geradezu im Sinne von Carl Schmitt in Freunde und Feinde. Zahlen und Zusammenhänge gelten für sie nur, solange sie die eigene Sicht der Dinge stützen. Ihre Rolle sehen sie als die einer Avantgarde, die den störrischen Rest der Gesellschaft auf einen objektiv notwendigen Weg zwingt. Wenn sie sich in eine Auseinandersetzung begeben, dann stets im Bewusstsein, die helle Seite der Macht zu verkörpern.

Nur diese besondere Mischung aus kühlem Lobbyismus, esoterischer Ersatzreligion und Weltrettungsideologie kann erklären, warum die Energiewende von ihren Befürwortern in eine derartige ausweglose Lage manövriert werden konnte. Wer glaubt, nur Aufträge des Weltgeistes auszuführen, gerät schnell in die Falle, Probleme einfach zu leugnen und alle Einwände als Attacken von Beschränkten und Ewiggestrigen abzutun. Ganz wie bei Maos großem Sprung nach vorn erklären Vertreter von Lobbyorganisationen und begeisterte Journalisten selbst noch in der Gegenwart, das ganze Projekt sei nur eine Frage des Willens, es müsse einfach „konsequent“ betrieben und das Tempo am besten noch erhöht werden.

Im Namen von „Abermillionen Klimaflüchtlingen“ – die zwar nirgends unterwegs sind, aber in Zukunft ganz sicher kommen würden – schrieb Bernd Ulrich im November 2013 in einem „Zeit"-Leitartikel, die Energiewende müsse „ab sofort noch viel schneller gehen. Sagen wir, doppelt so schnell."

Prognosen von Ministerien, Lobbyorganisationen und Forschungsinstituten bestimmten die Marschrichtung der Energiewende von Anfang an. Wer sie sich im Rückblick ansieht, entdeckt die kurze, konzentrierte Geschichte eines grandiosen Scheiterns. Denn nahezu alle Voraussagen zu Kosten, Tempo und Folgen des Energieumbaus erweisen sich als falsch. Und zwar nicht als irgendwie falsch: Alle unterschätzten ebenso systematisch wie dramatisch Kosten und Nebenwirkungen. Sie lesen sich aus heutiger Sicht wie eine Mixtur aus Wunderglaube und Autosuggestion. Vielleicht spielte bei dem einen oder anderen Politiker auch die Überzeugung mit, die Kosten bizarr untertreiben und den Nutzen möglichst rosig ausmalen zu müssen, um die Zustimmung der Wähler nicht zu riskieren.

Sehen wir uns einfach eine Reihe von Voraussagen an. Sie erhebt keinen Anspruch auf Vollständigkeit:

— Bundesumweltminister Jürgen Trittin 2004:

> *„Es bleibt dabei, dass die Förderung erneuerbarerer Energien einen durchschnittlichen Haushalt nur rund einen Euro im Monat kostet – so viel wie eine Kugel Eis."*

Aktuell liegt die durchschnittliche Belastung eines Dreipersonenhaushalts jährlich bei 220 Euro.

— Energiewirtschaftliches Institut der Universität Köln und Rheinisch-Westfälisches Institut für Wirtschaftsforschung 2004:

> *„Danach bleiben die von den Stromkunden aufzubringenden Kosten für das Erneuerbare-Energien-Gesetz auch bei weiterem Ausbau der erneuerbaren Energien gegenüber dem jetzigen Stand praktisch konstant."*

Die EEG-Umlage lag damals bei 0,51 Cent pro Kilowattstunde, ab 1.1. 2014 wird sie bei 6,24 Cent pro Kilowattstunde liegen.

— Bundesumweltministerium unter Sigmar Gabriel im Juni 2005:

> *„Der Anstieg der EEG-Umlage nimmt in Zukunft ab und wird einen Durchschnittshaushalt selbst bei sehr dynamischem Ausbau nicht mehr als drei Euro im Monat kosten. Ab Mitte des nächsten Jahrzehnts geht die EEG-Umlage wieder zurück."*

Die EEG-Umlage stieg – verglichen jeweils mit dem Vorjahr – im Jahr 2005 um 17 Prozent, 2006 um 29 Prozent und 2010 um 81 Prozent. Zwar gab es auch kleinere Steigerungsschritte. Aber nie blieb die Umlage gleich oder ging zurück.Im Jahr 2015 dürfte sie bei einer unveränderten Praxis auf etwa sieben Cent pro Kilowattstunde steigen.

Bundesumweltministerium im Dezember 2008, immer noch unter Gabriel:

> *„Trotz eines anhaltend kräftigen Anstiegs der Stromerzeugung aus erneuerbaren Energien von derzeit etwa 15 Prozent auf rund 30 Prozent im Jahr 2020 und rund 50 Prozent im Jahr 2030 steigen die von den Stromkunden aufzubringenden Mehrkosten nur noch bis etwa Mitte des kommenden Jahrzehnts leicht an. Mit einer EEG-Umlage von maximal 1,5 Cent je Kilowattstunde liegen diese dann nur geringfügig über ihrem aktuellen Wert von etwa 1,2 Cent pro Kilowattstunde.“*

— Claudia Kemfert, Thure Traber und Jochen Diekmann im „Wochenbericht des DIW“ 6/2011:

> *„Obwohl sich die Stromerzeugung aus erneuerbaren Energien bis 2020 mehr als verdoppelt, wird die EEG-Umlage als Bestandteil des Verbraucherpreises dann real mit 3,64 Cent pro Kilowattstunde nur wenig höher sein als gegenwärtig. (...) Außerdem werden die realen Vergütungssätze zusätzlich durch eine ‚kalte Degression' durch Geldentwertung gedämpft.“*

An dieser Prognose ist bemerkenswert, dass ihre Autoren versuchen, die Ökostromsubventionen auf der Basis von 2010 mit einer für die Jahre bis 2020 angenommenen Inflation kleinzurechnen. Das erweist sich schon methodisch als unsinnig, denn die Einkommen derjenigen, die den Strom bezahlen, unterliegen schließlich der gleichen Geldentwertung. Außerdem verraten die DIW-Forscher nicht, wie hoch sie die zukünftige Inflationsrate überhaupt veranschlagen. Sie müssten jedenfalls eine südamerikanische Geldentwertungsrate zugrunde gelegt haben: Nach ihrer Tabelle würde die „inflationsbereinigte" EEG-Umlage 2014 nur knapp über 3 Cent pro Kilowattstunde liegen. Real beträgt sie 6,24 Cent – also das Doppelte.

— Angela Merkel im Juni 2011:

> *„Unsere Devise heißt: Die Unternehmen genauso wie die Bürgerinnen und Bürger in Deutschland müssen auch in Zukunft mit bezahlbarem Strom versorgt werden. (...) Die EEG-Umlage soll nicht über ihre heutige Größenordnung hinaus steigen; heute liegt sie etwa bei 3,5 Cent pro Kilowattstunde."*

— Umweltminister Norbert Röttgen im „Handelsblatt" vom 4. Februar 2011:

> *„Man darf nicht einseitig auf die Kosten schauen... So bietet die Erneuerbare-Energien-Branche mittlerweile 340.000 Menschen Arbeit, Tendenz steigend."*

Ende 2013 betrug die Zahl der Beschäftigten in der Herstellung von Ökostromanlagen noch etwa 60.000 bis 70.000. Die Solarindustrie beschäftigte 2013 nach Angaben ihres Bundesverbandes noch etwa 11.000 Menschen, Tendenz fallend.

Anfang 2014 waren es laut IG Metall bereits weniger als 5.000 Arbeitnehmer.

— Norbert Röttgen in der „Rheinischen Post“ vom 7. April 2011:

> *„Im nächsten Jahr könnte die EEG-Umlage im Vergleich zum laufenden Jahr wieder sinken. Das wird den Anstieg des Strompreises dämpfen.“*

2012 gab die Bundesnetzagentur einen Anstieg der EEG-Umlage zum Januar 2013 von 47 Prozent bekannt. Sie wuchs auch deshalb so kräftig, weil sich ihre Erhöhung im Jahr 2011 als zu niedrig erwiesen hatte.

— Röttgen am 16. Mai 2011 im „Focus“ über die Förderkosten für Ökostrom:

> *„Es wird Faktoren geben, die preiserhöhend wirken, und Faktoren, die preissenkend sind. Das wird sich alles sehr moderat verhalten.“*

Entwicklung der Auszahlungen an Anlagenbetreiber[1] nach dem Erneuerbare-Energien-Gesetz in Mrd. Euro

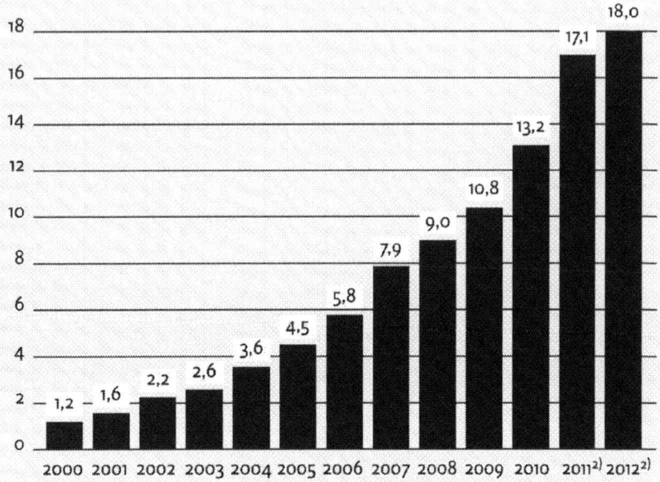

Stand: Oktober 2011
Quelle: BDEW und Veröffentlichungen der Übertragungsnetzbetreiber

[1] EEG-Vergütung, Marktprämie, PV-Eigenverbrauch und Flexibilitätsprämie
[2] gemäß Prognose für die EEG-Umlage

In der Kette der Voraussagen lassen sich bestimmte Abschnitte der Selbsttäuschung ausmachen. In den ersten Jahren nach dem Start des EEG glaubten die Politiker und Fachleute noch nahezu geschlossen daran, dass vor allem die Zahl der Solaranlagen nur allmählich wachsen wird. Außerdem sollte die Vergütung für den Ökostrom während der 20 Förderjahre ja planmäßig sinken. Und sollte die Zahl neuer Anlagen doch schneller klettern als geplant, so argumentierten sie, dann könnten sie die Vergütungen eben kürzen. Bis zum Jahr 2003 existierte noch eine gesetzliche Obergrenze für die Solarförderung. Der damalige Umweltminister Jürgen Trittin riss diese Barriere weg, um das Wachstum der Erneuerbaren anzuheizen. Als chinesische Staatsfirmen ab 2009 den deutschen Markt mit billigen Solarmodulen überschwemmten, warf der Boom der Photovoltaik alle Prognosen über den Haufen. Und eine schlagkräftige Lobby verhinderte über lange Zeit, dass der Staat über eine Vergütungssenkung gegensteuerte. Dabei hätte den Solarstromern eine leichte Bremsung noch nicht einmal ernsthaft geschadet, genauso wenig, wie ihnen später die moderate Vergütungskürzung schadete, die Umweltminister Röttgen gegen die dramatischen Untergangsszenarien der Investoren durchsetzte. Denn die Preise für die Technik stürzten schließlich so schnell, dass die Sonnenstromproduzenten selbst bei niedrigeren Vergütungssätzen ihre Marge noch steigern konnten. Ab 2011 also, als der Neubau von Solaranlagen sieben Gigawatt übertraf, allerspätestens seit dem Solar-Rekordjahr 2012 konnte sich jeder ausrechnen, dass die Menge der neuen Solarkraftwerke in der Summe so viel an frischen Subventionen forderte, dass der aktuelle Zuwachs den allmählichen Vergütungsabbau für die alten Anlagen deutlich übertraf. Außerdem wusste jeder: Die ältesten und in ihrer Gesamtzahl noch bescheidenen Grünstromanlagen fallen erst im Jahr 2020 ganz aus der EEG-Förderung. Die Anlagen, die im großen Solarboom ab 2010 entstanden, schlucken folgerichtig bis 2030 und länger Subventionen.

Die Falschrechner der frühen Jahre dürfen für sich noch in Anspruch nehmen, dass 2004 noch keiner die chinesische Solaroffensive voraussehen konnte. Aber wer selbst 2011 und später noch eine konstante Belastung der Bürger versprach wie Merkel und Kemfert oder sogar eine Entlastung in Aussicht stellte wie Röttgen, der musste sich schon mit Nachdruck zur Wirklichkeitsverdrängung entschließen.

Um in dieser Zeit die Richtung der Subventionen abzuschätzen – straff nach oben –, brauchte es noch nicht einmal ein Computerprogramm. Dazu reichte, um Franz Münteferings berühmtes Diktum zu zitieren, die Volksschule Sauerland.

Im Staatssozialismus der DDR und in anderen Ostblockländern schrieben Kommissionen Fünfjahrespläne, die bestenfalls eine virtuelle Realität entwarfen. Ministerialbürokraten im heutigen Deutschland übertreffen diesen Steuerungseifer bei weitem: Sie legen unerschütterlich und detailliert bis ins Jahr 2050 „Ausbaupfade" einzelner Energieerzeugungsarten, Preise und Verbrauchszahlen auf dem Papier fest. Dass ihre Prognosen bisher bestenfalls eine Halbwertszeit von zwei Jahren erreichten und in Einzelfällen um mehr als 200 Prozent daneben lagen, beeindruckt die Beamten des Bundesumweltministeriums und andere Energiewendestrategen kaum. Sie verfahren offenbar nach dem Hegelschen Grundsatz: Wenn die Wirklichkeit nicht zur Theorie passt – umso schlechter für die Wirklichkeit.

Eine besondere Würdigung unter allen Fachleuten verdient Claudia Kemfert vom DIW, die nahezu alle Fernsehdiskussionsrunden zur Energiewende mit ihrer Anwesenheit schmückt. Lange argumentierte sie, der möglichst schnelle Ausbau der Erneuerbaren garantiere niedrigere Strompreise als ein langsamerer Ausbau, denn die Kosten für fossile Energieträger wie Kohle zögen in absehbarer Zeit stark an. In Wirklichkeit sank der Preis für Importkohle in den letzten Jahren sogar leicht, und auch der Preis für einheimische Braunkohle weigert sich hartnäckig zu steigen. Dann erklärte Kemfert, wie schon zitiert, die Subventionen für die Ökoenergien würden bis 2020 wenigstens nicht weiter klettern. 2013 vollzog sie die nächste Wende: In einem sogenannten Solarify-Selbstgespräch – einer Art Interview ohne störende Fragen, organisiert von der Solarlobby-Organisation Solarify – erklärte die Fachfrau plötzlich steigende Strompreise zum volkspädagogisch wertvollen Endzweck der Energiewende:

> *„Ein niedriger Preis begünstigt Verschwendung. (...) Je teurer ein Gut wird, desto sparsamer und vor allem vorsichtiger geht man damit um. Einkommensschwachen Haushalten sollten wir in der Tat helfen, Energie zu sparen – obwohl die Geringverdiener ja ohnehin schon wenig Energie verbrauchen."* [2]

Ihr „obwohl" zeigt ein bemerkenswertes Maß an Feingefühl. Obwohl Kleinrentner und Geringverdiener sich in aller Regel keine Tiefkühltruhen, externe Festplatten und eine Festbeleuchtung auf 150 Quadratmetern leisten, sollen wir ihnen helfen, sich noch ein bisschen bescheidener einzurichten, damit die Subventionen für Sonnenkönige auch in Zukunft ungeschmälert fließen können. Lassen sich von acht Glühlampen in der 40-Quadratmeter-Wohnung einer Seniorin nicht noch zwei herausschrauben? Die zusätzliche Verschrottung des Radioweckers spart mit ein bisschen Glück genügend Strom, um noch ihre nächsten beiden EEG-Umlagenerhöhungen abzufedern.

[2] www.solarify.eu

Auch Normalverdiener können der Empfehlung von Peter Altmaier, die steigenden Strompreise einfach durch größere Sparsamkeit auszugleichen, nur in den wenigsten Fällen nachkommen. Für die Volkswirtschaft als Ganzes brächte eine radikale Geräteumstellung wenig: Angenommen, eine freundliche Fee könnte alle deutschen Haushalte auf einen Schlag mit Elektrogeräten der höchsten Effizienzklasse ausstatten, dann würde das den gesamten Stromverbrauch nach einer Untersuchung von Bosch Siemens Hausgeräte gerade einmal um drei Prozent drücken. Und für den einzelnen Haushalt ergäbe der Austausch nur dort eine (mit einer teuren Investition bezahlte) Einsparung, wo bisher nur alte Stromschlucker am Netz hängen. Denn jenseits der höchsten Kategorie A+++ , so räumen Hersteller ein, gibt es keine nennenswerte Energieersparnis mehr.

Haben sich wenigsten andere Voraussagen und Erwartungen der Energiewende-Euphoriker erfüllt?

— Statt der erhofften Reduzierung des Kohlendioxid-Ausstoßes vollzieht sich das genaue Gegenteil (siehe „Das CO_2-Paradox“).

— Von der Erwartung der Politiker, sie könnten eine hochprofitable Solarindustrie herbeisubventionieren, sind im Jahr 2014 nur noch traurige Reste übriggeblieben. Die Zahl der grünen Jobs blieb weit unter den Erwartungen; die wenigen überlebenden Solarfabriken bilden heute die Siechenabteilung der deutschen Wirtschaft (siehe „Ein Wirtschaftswunder fällt aus“).

— Eine Senkung des Stromverbrauchs, der in die früheren Großszenarien immer eingerechnet wurde, findet genau so wenig statt: Im Jahr 2013 stieg der Energieverbrauch in Deutschland weiter, der Stromverbrauch blieb nahezu konstant – auf hohem Niveau. Demographen weisen schon seit längerem darauf hin, dass mit dem Durchschnittsalter auch die Zahl der Singlehaushalte im Land wächst; schon diese Entwicklung treibt den Stromverbrauch zuverlässig nach oben, indem sie Effizienzgewinne wieder auffrisst. In ihren Koalitionsverhandlungen Ende 2013 ließen Union und SPD die alten Planziele der Vorgängerregierung stillschweigend fallen, den Stromverbrauch bis 2020 im Vergleich zu 2008 um zehn Prozent zu senken.

— Von der Planvorgabe Angela Merkels, bis 2020 eine Million Elektroautos auf Deutschlands Straßen zu bringen, verabschieden sich Politik und Industrie ebenfalls stillschweigend. Zum Jahresbeginn 2013 belief sich die Zahl der Stromvehikel auf bescheidene 7.114. Ganz nebenbei: Angenommen, die Stromer würden tatsächlich zu Hunderttausenden und in sechs Jahren in Millionenstärke durchs Land schnurren – wie hätte sich das auf das Ziel gereimt, den Stromverbrauch bis 2020 drastisch zu senken, zumal er offensichtlich selbst ohne Elektroautoboom nicht zurückgeht.

— Unterstützt eine Mehrheit in Deutschland den real existierenden Energieumbau? Viele Regierungsvertreter beteuern das, zuletzt ein deutsches Delegationsmitglied auf der Klimakonferenz in Warschau. Bei der Gelegenheit lobte die Beamtin die Energiewende unter anderem als „eine der größten Errungenschaften seit dem Zweiten Weltkrieg" – was immer das bedeutet. Eine Umfrage des Forsa-Instituts vom Frühjahr 2013 zeichnet allerdings ein Bild, das vom Mythos der breiten Energiewende-Volksbewegung nichts übrig lässt. Demnach akzeptieren im Ruhrgebiet 58 Prozent der Befragten die Braunkohle für die kommenden Jahre als wichtigen Energieträger. Unter den SPD-Anhängern arrangieren sich 60 Prozent mit dem fossilen Brennstoff, unter den Grünen-Wählern immerhin 47 Prozent. Nach den Forsa-Daten halten die meisten Deutschen das Fernziel, die Bundesrepublik bis 2050 zu 80 Prozent und irgendwann komplett mit Ökostrom zu versorgen, mittlerweile für unrealistisch. Unmittelbar nach Fukushima im Jahr 2011 meinten noch 39 Prozent der Forsa-Befragten, eine vollständige Grünstromwirtschaft sei machbar. Im Jahr 2013 stürzte dieser Wert laut Forsa bundesweit auf neun und im Ruhrgebiet auf sechs Prozent.

Diese Skepsis erinnert an den berühmten Spruch von Clausewitz, der Übereifer der Führung werde zum Glück meist durch die Besonnenheit des Fußvolks gebremst.

Nach der beispiellosen Kette falscher Prophezeiungen, nach Fehlschlüssen und enttäuschten Erwartungen fallen die Voraussagen in der Gegenwart etwas vorsichtiger aus. Die Verantwortlichen leugnen die hohen Kosten nicht mehr, sondern deuten sie als notwendige Härten eines langen Prozesses, an dessen Ende irgendwann alle die Früchte ernten könnten.

Im November 2013 erklärte der Geschäftsführer des Bundesverbandes Erneuerbare Energien, Hermann Falk, im „Deutschlandradio“:

> *„Wir haben die steinigste Strecke bei der Preisentwicklung hinter uns. Es wird über kurz oder lang einen Return on Investment für die gesamte Gesellschaft geben.“*

Etliche Politiker und Verbandsvertreter beteuern, ab 2020 sei endlich Schluss mit den steigenden Strompreisen.

Auf dem Prognosefriedhof ist noch viel Platz.

Vom Reiskorn zur Billion

Als Scheer, Fell, Hustedt und Schütz das Erneuerbare-Energien-Gesetz praktisch im Alleingang durchsetzten, entschieden sie sich für den folgenden Grundgedanken: Da die Herstellung von Strom aus Sonne, Wind und Biogas mehr kostet als Kohle- und Atomstrom, sollten die Pioniere der erneuerbaren Energie ihre Extrakosten vom Stromkunden in Gestalt eines Aufschlags bekommen. Der Energieverbraucher zahlt das Geld mit einer Umlage, de facto einer Steuer auf jede Kilowattstunde, die er aus dem Netz zapft, unabhängig davon, ob es sich um atomaren, fossilen oder erneuerbaren Strom handelt.

Vergleichsweise effizientere Erzeugungsarten wie Windstrom sollten in diesem Fördersystem prinzipiell nicht anders behandelt werden als die teuerste Technologie, die Solarstromerzeugung. Die vier Gesetzesschöpfer glaubten, den Ausbau am schnellsten vorantreiben zu können, indem sie die Grünenergie-Investoren von jedem unternehmerischen Risiko befreiten, und das nicht nur für eine kurze Zeit, sondern für 20 Jahre ab dem Start einer Anlage. So lange sollten die festen Vergütungen fließen und im Laufe der beiden Jahrzehnte allmählich nach einer vorbestimmten Staffelung sinken.

Politiker wünschen sich naturgemäß so viele Nutznießer eines Vergütungssystems wie möglich. Denn Profiteure einer Politik entwickeln sich erfahrungsgemäß zu treuen Wählern. Statt einer einheitlichen Prämie für erneuerbare Energie schufen die vier nicht nur für jede Energieerzeugungsart einen eigenen gesetzlich festgelegten Tarif, sondern sie unterteilten die Tarife noch einmal säuberlich nach Anlagengröße: Großanlagen bekamen und bekommen eine geringere Vergütung pro Kilowattstunde, Betreiber von Kleinanlagen eine höhere. An dieser einen Stelle funktionierte das EEG tatsächlich wie beabsichtigt: Tausende Eigenheimbesitzer schraubten sich Solarmodule aufs Dach, die ersten Bauern stellten Windräder auf ihre Ackerflächen. Bürger, die bisher nur Energie konsumierten, wechselten auf die Seite von staatlich abgesicherten Kleinstproduzenten. Im ersten Geltungsjahr des Gesetzes, dem Jahr 2000, startete diese Energierevolution sehr bescheiden. Nur wenige nahmen überhaupt von ihr Notiz. Die Erzeugung erneuerbarer Energien kletterte von ihrem 5,4-Prozent-Anteil auf 6,8 Prozent, die EEG-Umlage zur Finanzierung betrug 0,2 Cent pro Kilowattstunde. Eine dreiköpfige Familie mit einem Jahresverbrauch von 3.500 Kilowattstunden zahlte für dieses Experiment insgesamt 8,33 Euro zusätzlich für ihren Strom. Das EEG verteilte auf diese Weise 883 Millionen Euro um, was gerade einmal dem Haushalt einer mittleren Kommune entsprach. Alle Politiker, die das Gesetz als ziemliche Marginalie wahrgenommen hatten, durften sich bestätigt fühlen.

Hermann Scheer schwebte eine hundertprozentige Versorgung mit grünem Strom vor. 2013 wäre demnach ein Viertel des Weges zurückgelegt worden: Der Anteil der erneuerbaren Energien an der deutschen Stromherstellung belief sich in diesem Jahr auf gut 25 Prozent. Die EEG-Umlage dafür beträgt aktuell 6,24 Cent pro Kilowattstunde. Ein

Dreipersonenhaushalt zahlt dafür gut 220 Euro im Jahr. Das Erneuerbare Energien-Gesetz wälzt 13 Jahre nach seinem Start zwischen Januar bis Dezember gut 20 Milliarden Euro um. Die schon gezahlten Vergütungen für Grünstrom addieren sich mit den gesetzlich garantierten Zahlungen der kommenden Jahre schon im Jahr 2012 auf 376 Milliarden Euro – ein Betrag, der den Bundeshaushalt übersteigt. Zurzeit steht der Zähler für die Gesamtkosten bei etwa 400 Milliarden Euro.

Während sich der Anteil des Ökostroms also verfünffachte, stieg die EEG-Umlage in der gleichen Zeit auf das gut Fünfundzwanzigfache, und die kumulierten Kosten wuchsen auf mehr als das Vierhundertfache des Ausgangswertes an. Die Kosten für mehr als 2.000 Kilometer neue Stromtrassen und für Stromspeicher, die in den nächsten Jahren entstehen sollen, sind in dieser Kalkulation noch nicht einmal berücksichtigt.

Wie aus kaum spürbaren Kosten innerhalb weniger Jahre eine Milliardenlast werden kann, erscheint vielen mysteriös, nicht wenige vermuten dunkle Machenschaften dahinter. Dabei zeichnete das EEG mit seinem Fördersystem von Anfang an diese Dynamik vor. Denn die jährlich umgewälzten Subventionen – 2013 waren es rund 20 Milliarden Euro – stellen nur einen kleinen Teil der gigantischen Kosten dar, da jede neue Grünstromanlage die Bürger für die nächsten 20 Jahre in die Zahlungspflicht nimmt. Weil die Zahl der neuen Anlagen nach einem unauffälligen Beginn schnell stieg –und zwar wesentlich rascher, als es die regierungsamtlichen Prognosen vorhersahen– konnte es zwangsläufig keine gleichmäßige Zunahme der Kosten geben, also eine Gerade, sondern nur eine exponentielle Steigerung, also eine sich steil aufschwingende Kurve.

Verläuft diese Steigerungskurve nur steil genug, dann verwandeln sich automatisch kleinste Ausgangszahlen in gigantische Größen. Vielleicht erinnern Sie sich noch an das Exempel aus dem Matheunterricht, das dieses Phänomen besonders gut illustriert: Ein indischer Großfürst wollte den Erfinder des Schachspiels belohnen und stellte ihm frei, sich etwas zu wünschen. Der Erfinder verneigte sich bescheiden und bat darum, man möge ihm auf das erste Feld des Schachbretts ein Reiskorn legen, auf das zweite die doppelte Menge, auf das dritte wiederum das Doppelte und so fort, bis zum 64. Feld. Der Großfürst, der an Gold oder Juwelen gedacht hatte, schickte den Erfinder verärgert fort und wies seine Beamten an, sie sollten dem Mann in Gottes Namen seinen armseligen Reis geben. Die Höflinge stellten schnell fest, dass selbst die Ernte aller indischen Provinzen dazu nicht ausreichen würde – und zwar schon lange vor dem letzten Schachfeld.

Zu den Mirakeln der Energiewende zählt die Tatsache, dass sich erstaunlich viele Politiker auch im Zeitalter computergestützter Tabellenkalkulationen nicht viel anders verhalten als der indische Großfürst. Als der damalige Umweltminister Peter Altmaier im Jahr 2013 feststellte, die Energiewende werde, wenn die Formel des EEG unverändert weiter gilt, am Ende eine Billion Euro kosten, fielen politische Gegner und Sprecher von Lobbyverbänden unisono über ihn her: Das sei eine „Horrorzahl“, „durch nichts belegt“ und „Stimmungsmache“. Dabei erreichen die kumulierten Kosten der EEG-Umlage schon 2015 bei unveränderter Praxis 570

Milliarden Euro – also mehr als die Hälfte der Billion, und zwar noch deutlich vor der Hälfte des 80-Prozent-Anteils der erneuerbaren Energien, den die Bundesregierung für das Jahr 2050 anpeilt. Die Kosten für Trassen und Speicher, die Subventionen für Gaskraftwerke, die nur so am Netz gehalten werden können – sie sind, wie gesagt, in dieser Aufstellung noch gar nicht enthalten.

Konnte die bloße Dynamik des unterschätzten Gesetzes das auslösen, was der Düsseldorfer Wirtschaftswissenschaftler Justus Haucap 2012 einen „Kostentsunami" nannte? Größtenteils ja. Aber nicht ganz. Das EEG des Jahres 2000 glich zunächst noch einem einfachen Bau, an den mit der Zeit mehr und mehr Türmchen, Erker und Erweiterungen gesetzt wurden. Die verschachtelte Konstruktion, die dabei entstand, vergrößerte die finanzielle Last für die Verbraucher mit jedem einzelnen Schritt. Durch die Geschichte der Ökoenergien zieht sich seit ihrem Beginn eine beachtliche politische Schizophrenie: Dieselben Politiker, die jahrelang beteuerten, die Kosten für die Stromkunden würden nicht oder kaum steigen, sorgten mit immer neuen Entscheidungen dafür, dass die Kosten in Wirklichkeit mit starker Beschleunigung nach oben schossen.

Das ganze Bild der Fehlkonstruktion erkennt erst derjenige, der die Umverteilungsmaschine EEG zusammen mit dem Energiemarkt betrachtet. Zu dessen Architektur gehört nicht nur die feste Einspeisevergütung über 20 Jahre, sondern eine ganze Reihe von geradezu bizarren Privilegien. Bis zur Marktliberalisierung mussten die Energieversorger die Rolle einer umfassenden Serviceagentur für die Grünstromhersteller übernehmen. Dann kam die Trennung von Versorgern und Netz, vier Netzgesellschaften entstanden: Tennet, Ampirion, TransnetBW und 50Herz. Außerdem startete die Strombörse im Jahr 2000 mit ihrem Geschäft. In dieser Konstruktion, die bis heute gilt, übernehmen die Netzgesellschaften die dienende Rolle für die Branche der erneuerbaren Energien. Die zentrale Regel lautete: Der Produzent von Ökostrom soll sich um nichts Schwieriges kümmern müssen. Ein Windrad oder eine Solaranlage muss deshalb vom Netzbetreiber angeschlossen werden, egal, wie weit sie vom Versorgungsnetz entfernt steht, egal, wie viel der Anschluss kostet. Die Kosten dafür legen die Netzbetreiber auf die Verbraucher um. Nicht selten beliefen und belaufen sich die Anschlusskosten für einen abgelegenen Bauernhof mit solarmodulgedecktem Scheunendach auf gut 100.000 Euro. Das entspricht auch ungefähr dem Nettogewinn aus einer kleinen Solaranlage nach 20 Jahren. Mit anderen Worten: Ohne die Übernahme dieses wesentlichen Rechnungspostens durch die Stromkunden würden viele Kleinanlagen selbst nach einer Subventionierung über zwei Jahrzehnte keinen Gewinn einfahren. Und etliche Windanlagen schreiben selbst bei üppiger Subventionierung rote Zahlen (siehe „Ein Wirtschaftswunder fällt aus“).

Zweitens müssen nicht die Grünstromproduzenten ihr Erzeugnis vermarkten – auch das haben die Netzgesellschaften für sie zu erledigen. Sie bringen den Strom an die Börse, verkaufen ihn dort und überweisen den Wind-, Sonnen- und Biogasanlagenbetreibern die gesetzlich geregelte Einspeisegebühr. Die liegt natürlich weit über dem, was die Kunden für den Strom an der Börse zahlen. Der Unterschied zwischen Börsenpreis und fester Vergütung wird von der Bundesnetzgesellschaft in die EEG-Umlage eingerechnet. Die Netzbetreiber holen sich den Differenzbetrag von den Stromkunden zurück. Ihm Jahr 2013 nahmen die Netzbetreiber an der Börse insgesamt 2,544 Milliarden für den Ökostrom ein, den sie zu vermarkten hatten. Dazu kam die sogenannte Marktprämie, die von Stromkunden dafür an die Ökostromhersteller gezahlt wird, dass sie ein Teil ihrer Energie selbst verkaufen. Der verschleiernde Begriff „Marktprämie“ bedeutet: Die Grünstromer bekommen auf den durchschnittlichen Börsenpreis auch hier einen Aufschlag, bis die feste Einspeisevergütung erreicht ist. Erzielen sie durch den Verkauf ihres Stroms einen Preis oberhalb des durchschnittlichen Börsenpreises, können sie sogar mehr kassieren als nach dem EEG-Umlagenmodell. Mit Markt im Sinne eines Risikos hat auch dieses Unternehmen kaum etwas zu tun. Der Betrag, den die Grünstrombranche 2013 insgesamt kassieren durfte, macht den Unterschied zwischen Preisen an der Börse und garantieren Zahlungen auf einen Blick deutlich: 20,36 Milliarden Euro. Der eigentliche Wert ihres erzeugten Stroms macht also nur einen Bruchteil davon aus. Im vergangenen Jahr kamen übrigens noch 2,589 Milliarden Euro als Nachtrag von 2012 auf die Rechnung. Um diese Summe lagen die Einnahmen der Netzbetreiber aus der EEG-Umlage zu niedrig. Das bedeutet: Eigentlich hätte die Umlage schon in der Vergangenheit deutlich höher angesetzt werden müssen. Stattdessen verschieben Politik, Bundesnetzagentur und Ökostrombranche seit 2011 stillschweigend einen Teil der Lasten kurzerhand auf das kommende Abrechnungsjahr. Mit anderen Worten: Sie betreiben Bilanzkosmetik. Würden die EEG-Konten nach hanseatischen Kaufmannsprinzipien befüllt und abgerechnet, dann müsste die EEG-Umlage und damit der Strompreis noch schneller steigen als ohnehin. Die Netzbetreiber dienen an dieser Stelle als Bank zur Zwischenfinanzierung. Und natürlich holen sie sich auch die Zinsen wie alle anderen Kosten von den Stromkunden zurück.

In den Augen der Grünstromerzeuger stehen die erneuerbaren Energien ganz selbstverständlich im Zentrum der neuen Energiewirtschaft. Alle anderen haben sich nach ihren Bedürfnissen auszurichten. Die vier deutschen Netzgesellschaften übernehmen für die Ökostromer die Rolle der Kabelleger, Verkäufer, Inkassobeauftragten und Überflussentsorger. Ökostromproduzenten treten in diesem System nicht als Unternehmer auf, sondern als Inhaber eines gesetzlichen Privilegs, das ihnen festgeschriebene Einnahmen verschafft. Den Markt sehen sie nur von weitem. Alle Risiken und Folgekosten tragen andere. Ihre Position ähnelt am ehesten der einer Adelskaste, die von unantastbaren Abgaben lebt.

Die erste ernsthafte Schwierigkeit, die von den Politikern via Sonderregelung zulasten der Verbraucher geregelt wurde, ergab sich schon gut acht Jahre nach dem Start des Gesetzes: Die Stromnetze liefen schlicht voll. Überraschend kam das nicht, da der Strom der EEG-Milliarden von vornherein darauf angelegt war, nur den reinen Bau von Wind-, Solar- und Biomasseanlagen zu prämieren, nicht die Speicherung von Strom und schon gar nicht das immer wieder in

Politikerreden beschworene „intelligente Netz". Das Gesetz verpflichtet die Netzbetreiber bekanntlich, die Lieferung der Ökoproduzenten zu jeder Tagesstunde für eine feste Vergütung aufzunehmen, völlig unabhängig davon, welcher Strombedarf bei den Kunden herrscht. Stromnetze funktionieren allerdings, vereinfacht gesprochen, nach dem Prinzip, dass sich die Einspeisung und die Entnahme von Strom ungefähr im Gleichgewicht befinden müssen. Geraten beide Seite aus der Balance, droht ein Blackout.

Bis vor wenigen Jahren ließ sich dieses Gleichgewicht ohne große Probleme bewahren, indem Betreiber von Kohle- und Gaskraftwerken die Leistung ihrer Turbinen je nach Bedarf herauf- und herunterregelten und außerdem dadurch, dass Energie in der Regel in der Nähe großer Verbraucher aus der Chemie, der Metallurgie oder dem Autobau erzeugt wurde. Einen Anteil von 10,1 Prozent erneuerbare Energie, wie es ihn noch im Jahr 2005 gab, verkraftete das System ohne Mühe.

Das zentrale Problem der Wind- und Solarenergie besteht darin, dass sie ihren Strom nach einer unvorhersehbaren Wetterlage liefern. Solange ihr Anteil zehn Prozent nicht überschritten hatte, ließen sich die Schwankungen, wie schon beschrieben, gut ausbalancieren. Durch ihr rasches Wachstum unterwerfen die Ökoenergien die gesamte Stromversorgung allerdings einem riskanten Auf und Ab. Denn die Solar-Ausbeute schwankt nicht nur tagsüber, sondern auch während des Jahres. Etwa 70 Prozent des gesamten Sonnenstroms fällt zwischen Mai und September an. Ausgerechnet am Jahresende, wenn der Energieverbrauch steigt, schwächelt die Lieferung. Mangel und Überfluss existieren immer häufiger unmittelbar nebeneinander. Ein Mangel wie im langen und kalten Winter 2011/2012, als ein altes österreichisches Ölkraftwerk Strom nach Süddeutschland schicken musste, um dort Ausfälle zu verhindern. Schierer Überfluss wie am 16. Juni 2013, einem sehr sonnigen und windigen Tag mit schwacher Stromnachfrage: Damals lieferten die Windräder und Solaranlagen um die Mittagszeit schon die 30.000 Megawatt, die Deutschland in diesem Moment verbrauchte. Der konventionelle Kraftwerkspark kann aber in diesen Momenten nicht einfach auf Null gedrosselt werden. Er muss mit einer Mindestkapazität von gut 15 Gigawatt weiterlaufen, um genügend Grundlast für ein stabiles Netz zu liefern und abends wieder hochzufahren, wenn sich die Solaranlagen als Lieferanten verabschieden. Nur einen Tag später, am 17. Juni 2013 um die Mittagszeit, erreichte die Solarenergie ihre vorläufig historische Höchstmarke mit 23.500 Megawattstunden, die alle Anlagen zusammen in die Netze schickten. Bei schönem Wetter kann also allein Photovoltaik selbst an einem Tag mit hohem Verbrauch mehr als ein Viertel des Stroms liefern, den Deutschland braucht. Allerdings eben nur für ein paar sonnige Stunden.

Befindet sich an Tagen wie diesen in der Mittagszeit viel zu viel Strom im System, dann bleibt den Netzunternehmen nicht anderes übrig, als den Überfluss an Abnehmer jenseits der deutschen Grenzen zu verschenken, um einen Kollaps zu verhindern. Oft reicht noch nicht einmal das: Dann müssen sie eine Gebühr zahlen, damit jemand die Energie überhaupt abnimmt. In einzelnen Fällen kostet das mehr als 20 Euro pro Megawattstunde. Dem Strom muss also noch eine Entsorgungsgebühr hinterhergeworfen werden. Selbstverständlich stellen die Netzeigentümer diese Kosten den Stromkunden in Rechnung. Und auch dieser Posten steigt rasend schnell, weil immer mehr Solarstrom vor allem um die Mittagszeit im Frühjahr und Sommer das Netz flutet. Zwischen dem ersten Halbjahr 2012 und dem ersten Halbjahr 2013 vervierfachte sich die Zahl der Niedrigpreisstunden an der Börse, in denen Strom nur noch zwischen null und einem Cent kostete. Die Zahl der Stunden, in denen die Netzbetreiber den überschüssigen Strom nur noch gegen Geld loswerden konnten, stieg um 50 Prozent. Verteidiger des vermeintlichen Energiewunderlands Deutschland erklären gern, die hohen Stromexporte bewiesen doch schlagend den Erfolg der Grünstromrevolution. Und in der Tat fällt die reine Exportmenge – 23 100 Gigawattstunden im ersten Halbjahr 2013, ein Rekord – beeindruckend aus. Würden die deutschen Autobauer dem Vorbild folgen, indem sie einen stattlichen Teil ihrer Fahrzeuge verschenkten und auf den einen oder anderen Vordersitz noch zusätzlich 100 Euro legten, dann könnten sie sich über ähnliche Steigerungsraten freuen. Sie müssten nur noch eine Umverteilungspraxis erfinden, um das Geld im Inland wieder einzutreiben.

Die Hoffnung, diese Misere ließe sich durch den Bau von Stromspeichern in Zukunft zumindest mildern, erweist sich leider als genau so trügerisch wie fast alle anderen optimistischen Annahmen der Energiewender. Nur Pumpspeicherwerke verfügen bisher über eine erprobte Technik und einen annehmbaren Wirkungsgrad, nämlich 80 Prozent. Das Hinaufpumpen und ablassen von Wasser zur Stromerzeugung dienste allerdings nie dazu, eine strategische Stromreserve anzulegen, sondern nur zur Abpufferung von Verbrauchsspitzen. Deutschland verfügt nur über ein Pumpspeicherwerk im Ein-Gigawatt-Bereich: Goldistal in Thüringen.

Ökostrom-Enthusiasten wenden gegen die unbestreitbare Tatsache der extremen Stromschwankungen ein, die vier großen Energiekonzerne RWE, Eon, Vattenfall und EnBW hätten den Netzausbau „verschlafen" oder hintertrieben ihn sogar absichtlich, um den erneuerbaren Energien zu schaden. Der Vorwurf übersieht zweierlei: Erstens betreiben die großen Vier seit 2005 keine weitreichenden Netze mehr. Das tun, wie oben beschrieben, die Netzgesellschaften, die Spediteure des Stroms.

Zweitens lassen sich Energietrassen in Deutschland nicht wie in China auf politischen Befehl durch das Land schlagen. Sie unterliegen einem Planungsrecht wie Autobahnen oder Schienenwege. Wer sie errichten will, muss Rücksicht auf den Umweltschutz und Bürgereinwände nehmen. Acht bis zehn Jahre gelten als Planungszeit für eine große Trasse als eher eng bemessen. Die 800 Kilometer lange „Strombrücke" von Hamburg nach Bayern und Baden-Württemberg etwa, geplant von den beiden Netzbetreibern Tennet und TransnetBW, soll frühestens im Jahr 2022 stehen, vorausgesetzt, der Bau verläuft störungs- und klagefrei. Zurzeit existiert noch nicht einmal eine genaue Routenplanung. Das Energieunternehmen RWE gehört durch seine Tochter RWE Innogy außerdem zu den großen Ökostromproduzenten, es erzeugte 2013 in Deutschland 417 Megawatt Windenergie. Welches Sabotageinteresse sollte das Unternehmen also haben, selbst wenn es die Macht besäße, den Netzausbau zu behindern?

Aber einmal ganz abgesehen von der Frage, ob es Schuldige an dem Netzengpass gibt: Der Gesetzgeber, also der Deutsche Bundestag, hätte dieses Problem lösen können, wenn er darauf bestanden hätte, dass Grünstromproduzenten nur für die Energie eine Vergütung bekommen, die tatsächlich von den Netzen aufgenommen und zu den Verbrauchern transportiert werden kann. Damit hätte er die Branche gezwungen, entweder in Speicher zu investieren oder das Ausbautempo neuer Wind- und Solarparks wenigstens an den Stand der Netze anzupassen.

Stattdessen änderte die große Koalition das EEG im Jahr 2009 einfach folgendermaßen: Der Grünstrom, der nicht in die Netze passt, muss von den Netzbetreibern trotzdem bezahlt werden. Und zwar zum vollen Tarif. Sie vergüten, was Wind-, Solar- und Biogasproduzenten theoretisch bei unbegrenzter Netzkapazität hätten einspeisen können. Natürlich bekamen die Netzbetreiber im Gegenzug das Recht, die Kosten für diesen Phantomstrom an ihre Energiekunden weiterzureichen. Im Jahr 2011 regelten die Netzunternehmen bereits 421 Gigawattstunden ab, eine Strommenge, für die das größte Braunkohlekraftwerk Deutschlands – das nordrhein-westfälische Kraftwerk Neurath – fast vier Tage auf Volllast laufen müsste. Für den Nicht-Strom gibt es mittlerweile einen aparten Fachbegriff: Ausfallarbeit. Die größte Menge dieser Ausfallarbeit entfällt auf Windstrom, gut 410 Gigawattstunden oder 97,4 Prozent, für den die Stromkunden etwa 34 Millionen Euro überwiesen. Die Solaranlagenbetreiber ließen sich 2011 immerhin für 2,63 Gigawattstunden bezahlen, die sie nie lieferten. Die Biogashersteller verfügen eigentlich über die Möglichkeit, ihr Erzeugnis zu speichern und dann zu vermarkten, wenn die Leitungen wieder Strom aufnehmen können. Aber da sie wie die anderen reale Euro für virtuelle Energie kassieren dürfen, ließen sie sich eine Ausfallarbeit von 5,92 Gigawattstunden vergüten (siehe auch: „Pinot Grigio aus Neufundland. Warum Grünstrom-Subventionen das Falsche fördern").

Die Menge dieses Phantomstroms verdreifachte sich seit 2010. Zwar fiel sie 2012 leicht auf 385 Gigawattstunden – was allerdings nicht an einer besseren Steuerung des grünen Stroms lag, sondern laut Bundesnetzagentur an dem Faktor, der die Energieversorgung hierzulande immer stärker bestimmt: das Wetter. Der Wind wehte 2012 einfach etwas schwächer. Aber das grundsätzliche Problem bleibt: So, wie südamerikanische Produzenten in den dreißiger Jahren Kaffeebohnen in Meer schütteten, so, wie die Europäische Union in den Siebzigern Butterberge in Lagerhäusern anhäufte, so steht auf der Rechnung der deutsche Energiewende Geisterstrom, der keine einzige Glühlampe zum Leuchten bringt.

Dass einerseits hunderte Gigawattstunden gar nicht mehr zu den Abnehmern gelangt und die Bürger trotzdem belastet, während Politiker und Lobbyisten unverdrossen fordern, der Grünstromausbau müsse noch viel schneller vorangehen – diese Absurdität gehört zu den handgreiflichsten Fehlkonstruktionen der deutschen Energiewende. Als der Chef der halbstaatlichen Deutschen Energieagentur Dena, Stephan Kohler, chinesischen Managern diese Spezialität zu erklären versuchte, fragten seine Zuhörer fünfmal nach, ob sie denn richtig verstanden hätten: Die deutschen Verbraucher würden also tatsächlich per Gesetz gezwungen, Preise weit über dem Marktniveau für nie gelieferten Strom zu zahlen?

> *„Das Bild, das die Chinesen von den sparsamen, rationalen Deutschen pflegen, hat in diesem Moment erhebliche Risse bekommen", erzählt Kohler. „Einer sagte dann in der Pause über das, was er gerade gehört hatte: ‚Interessant. Aber kein Vorbild.'"*[3]

Dabei zählt Kohler zu denjenigen, die noch Rettungspläne für die Energiewende entwickeln. Der Ingenieur startete seine Karriere 1981 beim Ökoinstitut Freiburg; als Grünstrom-Saboteur und Vollstrecker finsterer Konzerninteressen lässt er sich auch beim schlechtesten Willen nicht karikieren.

Zu den Standardargumenten der Energiewendebegeisterten zählt die Feststellung, viele Länder weltweit hätten das deutsche Fördersystem übernommen, das beweise doch seine Überlegenheit. Eins zu eins kopierte bisher zwar niemand die deutsche Energiewende. Aber wer das Prinzip nachahmt, übernimmt zwangsläufig die Probleme. Wie der Energiemarktexperte Benny Peiser im „Spectator"[4] feststellte, erreicht die Zahlung für nie eingespeisten Windstrom in Großbritannien mittlerweile rund 30 Millionen Pfund pro Jahr. Auch dort

---

[3] Focus 40/2013

[4] The Spectator 19.10.2013

fordern immer mehr genervte Kunden ein Ende dieses bizarren Privilegs.

In Deutschland hätte sich den Gesetzgebern seit dem Jahr 2000 mehrmals die Gelegenheit geboten, innezuhalten, die Prognosen mit der Realität zu vergleichen und angesichts der offensichtlichen Tatsache, dass sich praktisch nichts bei der Energiewende so entwickelte wie vorausgesagt, den Kurs zu korrigieren. Interessanterweise taten sie nichts dergleichen, sondern setzten den Kurs der Wohltaten für die Ökostromerzeuger fort, nach dem Prinzip: mehr von dem Gleichen. So entstand nach der Vergütung für nie produzierten Strom die sogenannte Offshore-Umlage. Sie findet sich seit 2013 als weiterer Posten auf der Stromrechnung der Bürger. Wer profitiert von dieser neuen Abgabe?

Weitgehend unbemerkt von der Öffentlichkeit einigten sich der damalige Umweltminister Peter Altmaier und der seinerzeitige Wirtschaftsminister Philipp Rösler 2012 darauf, den Erbauern von Windkraftanlagen auf hoher See praktisch jedes Investitionsrisiko abzunehmen und es stattdessen wie gehabt den Energiekunden aufzubürden. Windenergie-Plattformen vor der Küste können den größeren Teil des Jahres Strom erzeugen, ihre Kapazität übertreffen bei weitem die Rotoren an Land. Leider liegen auch die Errichtungskosten weit höher. Der Netzbetreiber Tennet, eine niederländische Staatsfirma, muss die Anlagen anschließen. Nur wenige Hersteller produzieren die nötigen unterseeischen Stromkabel, entsprechend lange hat der Netzbetreiber auf die Lieferung zu warten. Ebenso rar sind die Spezialschiffe für die Verlegung; sie müssen lange im Voraus gebucht werden, und wenn

in der Zeit gerade raue See herrscht, dann verzögern sich die Arbeiten um Monate. Außerdem lagern noch große Mengen Munition aus den Weltkriegen vor der Nordseeküste. Dass die Errichtung von Offshore-Windrädern teuer und riskant zu werden versprach und viele Plattformen erst lange nach ihrer Fertigstellung am Stromnetz hängen würden, wussten alle Beteiligten, Politiker wie Unternehmer. Damit sich die Unternehmen überhaupt an die Großprojekte wagten, beschlossen Umwelt- und Wirtschaftsminister also, den Betreibern bei einem verspäteten Anschluss ihrer Anlagen den Ausfall vom Stromkunden vergüten zu lassen.
Der Energiewendeplan der Bundesregierung sah lange Zeit Offshoreparks mit einer Gesamtkapazität von zehn Gigawatt bis 2020 vor. Das entspricht immerhin zehn Atommeilern. Fachleuten galt diese Vorgabe von Anfang an als völlig realitätsfremde Wolkenschieberei. Selbst der ansonsten grenzenlos optimistische Bundesverband Windenergie hielt bis 2020 allenfalls sieben Gigawatt Windkraft auf hoher See für machbar. Erst im November 2013 bemühten sich Union und SPD in ihrer Koalitionsverhandlung, ihre Vorstellungen an die Wirklichkeit anzupassen: Sie senkten das Ausbauziel auf 6,5 Gigawatt. An diesem Beispiel zeigt sich allerdings auch besonders eindrucksvoll, wie die schon institutionalisierte Schöpfung immer neuer Wohltaten funktioniert: Dafür, dass die Bundespolitiker in der Realität ankamen und nicht mehr Turbinen planten, als es überhaupt möglich war, verlängerten sie gleichzeitig die Maximalförderung für Offshore-Windräder, die eigentlich nur für ein Jahr gelten sollte, um ein weiteres Jahr. Das, rechtfertigte sich der damalige

Bundesumweltminister Peter Altmaier im November 2013, sei eben ein Kompromiss mit den Regierungschefs der Küstenländer gewesen. Ein bemerkenswerter Kompromiss: Wir bauen nicht mehr, als wir können – aber dafür wird es noch teurer.

Die Höhe der Offshoreumlage mutet auf den ersten Blick harmlos an – 0,25 Cent pro Kilowattstunde. Das klingt bescheiden, verglichen mit den anderen Rechnungsposten. Aber die Offshore-Windenergie steht auch noch ganz am Anfang. Sie trägt zurzeit erst mit 1,7 Prozent zu den Kosten der erneuerbaren Energien bei. Außerdem zeigt die gesamte Geschichte der Energiewende: Alle Subventionen haben einmal klein angefangen.

Wie ein Denkmal für diese Politik steht der Windpark Riffgat in der Nordsee, eine Ansammlung von 30 Windrädern gut 18 Kilometer nordwestlich von Borkum. Die im Juli 2013 fertig gestellte Anlage könnte 108 Megawattstunden Strom liefern – wenn nicht das Transportkabel zum Festland fehlen würde. Der Netzbetreiber Tennet brauchte nach eigenen Angaben länger als geplant, um Fundmunition vom Meeresgrund zu räumen. Angeschlossen wird Riffgat deshalb frühestens im Februar 2014. Die Windräder drehten sich trotzdem: durch 22.000 Liter Diesel, die monatlich verbrannt werden, um die Propeller zu bewegen. Die salzige Seeluft würde die Turbinen sonst in kürzester Zeit korrodieren lassen. Bei Windrädern, die am Netz hängen – im Winter betrifft das auch Rotoren an Land – sorgt bei Flaute normalerweise Strom dafür, dass die beweglichen Teile nicht rosten beziehungsweise festfrieren. Erst im Februar 2014 begann Riffgat Strom ins Netz zu schicken.

Als die Nachricht von den dieselbetriebenen Windrädern durch die Medien ging, hielten viele im ersten Moment die Windparkmanager beziehungsweise die Verantwortlichen der Netzgesellschaft für ausgemachte Trottel. Wer das Kleingedruckte seiner Energierechnung und die Feinheiten der

Offshoreumlage begreift, der versteht allerdings, dass die Rolle der Gelackmeierten von ganz anderen übernommen wird: Für die Nichtproduktion des Stroms auf hoher See zahlen die Bürger. Und wenn die Plattformen irgendwann Energie liefern, dann zahlen die Stromkunden mit 19 Cent garantierter Einspeisevergütung pro Kilowattstunde gut das Fünffache des Börsenpreises.

Niedersachsens Ministerpräsident Stephan Weil nannte den Riffgat-Windpark bei der feierlichen Einweihung im August 2013 ein „Pionierprojekt für Zukunftstechnologie".

Die Kosten für verschenkten Ökostrom, die Kosten für nie produzierten Strom und die Ausgaben für die Rechnungskosmetik summieren sich. Aber sie machen nur den kleineren Teil der Rechnung aus, die bei den Stromkunden ankommt. Zwei ganz wesentliche Steigerungsmechanismen in der Formel des EEG erkannten viele Politiker und Branchenvertreter erst sehr spät. Jedenfalls behaupten sie das. Die wichtigste Dynamik steckt im Börsenpreis für Strom. Der liegt wegen der Mengen des ungebremst eingespeisten Ökostroms – wir erinnern uns – an immer mehr Tagen nur zwischen null und einem Cent. Der Durchschnittspreis an der Leipziger Strombörse schwankt zurzeit zwischen drei und vier Cent pro Kilowattstunde. Warum, fragen sich viele geplagte Stromkunden, steigt dann mein Endverbraucherpreis ständig? Und vor allem: Warum liegt er dann so viel höher, nämlich fast bei durchschnittlich 27 Cent pro Kilowattstunde? Erstens liegt das schlicht und einfach an der Steuer- und Abgabenlast, die auf jeder einzelnen Kilowattstunde liegt: EEG-Umlage, Stromsteuer, diverse andere Umlagen (siehe Grafik auf Seite 52) und die Mehrwertsteuer. All diese Tribute machen im Jahr 2013 erstmals 50 Prozent des Endverbraucherpreises aus.

Ein zweiter Grund steckt in der gesetzlich vorgegebenen Wechselwirkung zwischen Börsenpreis und EEG-Umlage. „Zu bestimmten Tageszeiten machen die Erneuerbaren den Strom preiswerter und nicht teurer. Rein rechnerisch müssten die privaten Verbraucher also einen weit geringeren Ökozuschlag bezahlen", schreibt der Öko-Publizist Franz Alt in seinem Buch „Auf der Sonnenseite. Warum uns die Energiewende zu Gewinnern macht". Was auch immer Alt mit „rein rechnerisch" meint – entweder er versteht nicht, wie der Strompreis für die Verbraucher entsteht, oder er hofft darauf, dass seine Leser nicht Bescheid wissen. Da die Vergütung für die erneuerbaren per Gesetz fixiert ist, gleicht die EEG-Umlage die Differenz zwischen dem schwankenden Börsenpreis und dem garantierten Festpreis aus. Je stärker der Börsenpreis also durch die ungebremste Masse des Grünstroms sinkt, desto höher muss der EEG-Zuschlag folgerichtig ausfallen. Die Stromverbraucher zahlen also nicht trotz der niedrigen Börsenpreise eine stetig steigende EEG-Umlage, sondern gerade deswegen. Dass der Börsenpreis 2014 im Schnitt weiter sinken wird, ist für sie keine gute Nachricht, sondern eine schlechte. Zum 1. Januar 2014 stieg die EEG-Umlage von derzeit 5,227 auf 6,24 Cent pro Kilowattstunde. Der reine Aufschlag fällt damit erstmals fast doppelt so hoch aus wie der Grundpreis für das Produkt. Gut 50 Prozent der EEG-Umlagensteigerung gehen mittlerweile auf die Differenz zwischen Börsenpreis und Einspeisevergütungen zurück. Nur 13 Prozent des Anstiegs entfallen auf die Einspeisegebühren von neuen Wind-, Gas- und Solaranlagen. Das heißt: Selbst wenn im Jahr 2013 nicht eine neue Grünstromanlage ans Netz gegangen wäre, hätte sich der Strompreis weiter kräftig verteuert. Die Maschinerie des EEG wird, wenn sie weiterläuft, den Strompreis allein durch diese Systematik zuverlässig auf immer neue Höhen treiben. Denn der Stromüberfluss an windigen und sonnigen Tagen steigt mit jeder neuen Turbine und jedem neuen Solarmodul. Speicher befinden sich bestenfalls in der vagen Planung, und die Methode, die Überschüsse einfach über die Grenze zu drücken – als Geschenk oder gegen Gebühr –, lässt sich auch nicht beliebig ausweiten. Polnische Energieunternehmen beginnen bereits damit, sogenannte Phasenschieber in ihre Netze zu bauen, zum einen, um diese vor extremen Lastschwankungen zu schützen, zum anderen, weil selbst ihre modernsten Kraftwerke nicht mit deutschem Dumpingstrom konkurrieren können.

Milan Nitzschke, ein jungenhafter Zweiundvierzigjähriger, gehört zu den besten Anwälten der erneuerbaren Energien. Er leitet die Unternehmenskommunikation von Solarworld, dem letzten großen europäischen Solarmodul-Produzenten. Nebenbei baute er die kleine, schlagkräftige Lobbyorganisation Pro Sun auf, die Billigimporte von chinesischen Solaranlagen bekämpft. Pro Sun überzeugte den EU-Handelskommissar Karel de Gucht davon, ein Anti-Dumpingverfahren gegen China anzustrengen – ein kühner Schritt, der die europäischen Staaten beinahe in einen Handelskrieg mit der östlichen Wirtschaftsmacht gestürzt hätte (siehe „Das Wirtschaftswunder fällt aus"). Nitzschke versteht also sein Fach. Dass der Börsenpreis für Strom in Deutschland so schnell fallen und damit die EEG-Umlage so stark nach oben schießen würde, habe er trotzdem nicht vorausgesehen, versichert er: „Vor ein paar Jahren bin ich noch von Börsenpreisen um die sechs Cent pro Kilowattstunde ausgegangen. Ich und andere rechneten damit, dass die EEG-Umlage sogar wieder sinken könnte." Dadurch, dass gerade ein niedriges Niveau an der Börse die EEG-Umlage und damit den Strompreis für die Verbraucher zum Klettern bringt, meint Nitzschke, „haben sich die Erneuerbaren selbst ein Ei ins Nest gelegt".

Es existiert noch ein zweiter Verteuerungsmechanismus, der mit einer ganz ähnlichen Automatik unermüdlich läuft und läuft. Um Unternehmen vor den galoppierenden Strompreisen zu schützen, führte die Bundesregierung ein System von Sonderrechten ein. Energieintensive Unternehmen, die mehr als ein Gigawattstunden pro Jahr verbrauchen und deren Stromkosten einen Anteil von 14 Prozent an der Wertschöpfung überschreiten, können sich weitgehend – in der Regel zu 90 Prozent – von der EEG-Umlage befreien lassen. Die Kosten dieser Befreiung verstecken sich in einem weiteren Betrag, der von den Zahlern im System mit jeder Kilowattstunde zu entrichten ist – der sogenannten Paragraf-19-Umlage. Im Jahr 2013 betrug sie 0,329 Cent. Wie die meisten dieser kleinen Kontributionen fällt sie dem Stromkunden kaum auf. Sie entspricht, um auf die indische Geschichte des Großfürsten und des Schacherfinders zurückzukommen, nur einem Fingerhut voller Reiskörner. Aber auch aus diesem Fingerhut wächst mit der Zeit eine bedrohliche Größe, wie die Zahl der befreiten Unternehmen zeigt.

Je heftiger die Strompreise steigen, desto wütender prangern Grünstromlobbyisten diese Ausnahmen an: Kanzlerin Merkel verschone die Wirtschaft vor den Kosten der Energiewende, also müssten die Bürger immer größere Teile der Last schultern. Dabei suggerieren sie, bei den Befreiungen handle es sich um wirtschaftsfreundliche Willkür. Allerdings kann man Unternehmen kaum vorwerfen, dass sie von einer gesetzlichen Möglichkeit zur Kostendämpfung Gebrauch machen. Die meisten von ihnen müssen gar nichts tun, um in den Kreis der halbwegs Verschonten zu gelangen: Die steigenden Preise heben immer mehr von ihnen ganz automatisch über die 14-Prozent-Schwelle. Und für Unternehmen mit einem Jahresverbrauch von knapp unter einer Gigawattstunde steigt mit jeder Strompreiserhöhung der Anreiz die Maschinen einfach ein paar Mal im Leerlauf arbeiten zu lassen, um sich gerade noch über die entscheidende Marke und damit vor der EEG-Umlage zu retten. Die Zahl der Unternehmen, die von den Kosten in den Kreis der Verschonten getrieben werden, steigt so schnell wie der Normalpreis für Strom: Im Jahr 2012 nahmen 813 Unternehmen die Befreiung in

Anspruch, im Jahr 2013 schon 2.055. Zum Stichtag 1. Juli 2013 beantragten schon 2.379 Firmen eine Erlösung von den Ökostrom-Subventionen.

Das Gleiche gilt für die steigenden Netzentgelte: Großverbraucher beantragten 2011 und 2012 in 4.400 Fällen eine Befreiung, 2.300 Unternehmen waren damit bei der Bundesnetzagentur erfolgreich, weitere 1.700 Verfahren laufen zurzeit noch. Im Jahr 2013 stellten 1.500 weitere Firmen einen Antrag.

Ob EEG-Umlage oder Netzgebühren: Ganz normale Stromkunden können ebenso wie die meisten Klein- und Mittelständler keine Befreiung von den Kosten in Anspruch nehmen, sie können weder tricksen noch in ein energiepreisfreundliches Ausland fliehen. Nehmen die Ökostromproduzenten die Rolle einer neuen Adelsschicht ein, dann finden sich die Zahler in der Position von Tributpflichtigen wieder, die unter keinen Umständen davonkommen.

Der Verteidigungstenor aller einschlägigen Politiker und Branchenvertreter lautet: Würden die Ausnahmen für die Industrie gestrichen, dann kämen die Kosten für die Erneuerbaren endlich wieder ins Lot. Hier hilft, wie fast überall, einfaches Nachrechnen. Schaffte man die Ausnahmen für die Unternehmen mit einem Schlag ab, dann würde das die Stromkosten nach einer Untersuchung des Beratungsunternehmens McKinsey im Jahr 2015 im ganze 1,8 Cent pro Kilowattstunde senken. Das wäre nur ein wenig mehr als die Erhöhung der EEG-Umlage, die zum 1. Januar 2014 in Kraft getreten ist. Die Bundestagsfraktion der Grünen behauptete noch im November 2013 in ihrem bewährten Stil, Fakten in ihre politische Matrix zu pressen: Würde die Verschonung der energieintensiven Unternehmen beseitigt, dann könnte die Regierung die EEG-Umlage „auf dem jetzigen Stand stabil halten". Sie verschwieg allerdings, für wie lange. Tatsächlich würde sie damit nur eineinhalb, höchstens zwei Erhöhungsrunden vermeiden. Und dann? Abschaffen lässt sich das Industrieprivileg nur einmal. Die EEG-Umlage würde dann eben zwei Jahre lang nicht weiter steigen, aber später wieder den alten Kurs nach oben einschlagen.

Die chemische Industrie und die Metallurgie – und auf diese beiden Schlüsselbranchen entfällt der größten Teil der Befreiung – müsste dann massiv Arbeitsplätze und ganze Unternehmensteile ins Ausland verlagern, um den Kostenschock halbwegs abzufangen. In Frankreich liegen die Strompreise um ein Drittel niedriger als in Deutschland, in den USA betragen sie gerade einmal zwei Drittel bis die Hälfte. Einen derart brachialen Kostennachteil könnten selbst die flexibelsten deutschen Unternehmen nicht verkraften. Bei genauerem Hinsehen bleibt von der Angriffsparole, die Industrie drücke sich unsolidarisch und in toto vor der EEG-Umlage, auch nichts übrig. In Deutschland gibt es etwa eine halbe Million Betriebe, davon rund 45.000 Industriebetriebe. Im Jahr 2013 profitierten nur vier Prozent von der Umlagenbefreiung, 96 Prozent der Unternehmen zahlten die Grünstromabgabe. Vor allem kleine und mittlere Firmen tragen die Last. Gemessen am gesamten Verbrauch der Industrie fließen 53 Prozent des Stroms umlagenbefreit oder mit reduzierter Umlage, 47 Prozent zum vollen Preis. Hier macht sich bemerkbar, dass

Großunternehmen oft so viel verbrauchen wie hunderte Kleinbetriebe oder ganze Großstädte. Das Werk von BASF in Ludwigshafen schluckt beispielsweise so viel Strom wie ganz Dänemark. Das Großunternehmen Wacker Chemie im bayerischen Burghausen verbraucht im Jahr etwa so viel Strom wie München. Der Hersteller von Polysilizium lässt gerade ein neues Werk im US-Bundesstaat Tennesse errichten. Dort liegen die Stromkosten um 30 Prozent unter den Preisen, die das Unternehmen in Deutschland zahlt. Müsste Wacker die volle EEG-Umlage zahlen, auch für seinen selbst produzierten Strom, dann würde das eine Kostenexplosion im dreistelligen Millionenbereich bedeuten. Im üblichen Greenspeak, der Methoden, Zahlen und Proportionen nach Belieben zurechtschiebt, heißt es oft, die Hälfte des Industriestroms sei umlagenbefreit (was korrekt ist), wodurch allerdings oft im zweiten Schritt behauptet oder suggeriert wird, jeder zweite Industriebetrieb drücke sich (was, siehe oben, grober Unfug ist). Selbst viele realistische Grünen-Politiker beteuern, sie wollten ja nur die Ausweitungen der EEG-Befreiungen zurücknehmen; wirklich energieintensive Firmen müssten natürlich weiterhin geschont werden. Ihre Position klingt nicht unvernünftig – aber dann ergäbe sich bestenfalls eine Entlastung der Stromkunden im Zehntelcent-Bereich.

Aber viele Unternehmen, die weitgehend von der Ökostrom-Umlage befreit sind, so wenden Grüne und andere Unermüdliche ein, stünden doch gar nicht im internationalen Wettbewerb. Städtische Verkehrsbetriebe etwa, Molkereien, Brauereinen oder Supermarktketten. Das trifft zu.

Allerdings handelt es sich bei ihnen oft um regionale Monopolisten. Sie würden die höheren Stromkosten mühelos an ihre Kunden weiterreichen, die abermals nicht ausweichen könnten. Sie bekämen die Preiserhöhungen zu spüren, wenn sie ein Straßenbahnticket oder Lebensmittel kaufen. Wer behauptet, eine Streichung des Ökostrom-Rabatts für die Wirtschaft würde die kleinen Stromzahler entlasten, betreibt Demagogie. Die Bürger müssten außerdem die Kosten für verlagerte Arbeitsplätze der energieintensiven Industrie und verlorene Steuereinnahmen tragen. Sämtliche angeblich gesparten Kosten würden sich für sie einfach nur von ihrer Stromrechnung an eine andere Stelle verschieben. Und das alles – die Gefährdung der deutschen Grundstoffindustrie und Metallurgie inklusive – brächte gerade einmal ein Jahr Atempause, bevor die EEG-Umlage weiter klettern würde.

Im Streit um die Industriebefreiungen gibt es übrigens eine Pointe, die nur selten in die öffentliche Diskussion dringt. Zu den von der EEG-Umlage weitgehend verschonten Firmen gehören auch der Solarmodulhersteller Solarworld und andere Unternehmen der Branche. Müssten sie den vollen Strompreis zahlen, dann würde das, daran lassen ihre Manager keinen Zweifel, den endgültigen Todesstoß für diese Branche in Deutschland bedeuten. Vor Jahren wehrten nacheinander die Umweltminister Sigmar Gabriel und Norbert Röttgen noch starke Einschnitte bei der Photovoltaik-Förderung mit dem Argument ab, das wäre das Ende der deutschen Solarindustrie. Jetzt muss sich der Wirtschafts- und Energiewendeminister

Gabriel entscheiden, ob er die Ausnahmen für bestimmte Branchen doch nicht antastet – und deshalb Ärger mit dem EU-Wettbewerbskommissar und unvermeidlich steigende Strompreise riskiert – oder die Solarindustrie, das vermeintliche Prunkstück der Energiewende, am Ende opfert.

Den Politikern geht es beim Kampf gegen die Grünstrom-Kosten mittlerweile wie Donald Duck, der in einer Episode versucht, sein leckgeschlagenes Boot mit vollem Körpereinsatz abzudichten. Leider gibt es deutlich mehr Löcher, als ihm Flossenfüße und Finger zur Verfügung stehen. Egal, wo er versucht, das Wasser draußen zu halten – irgendwo sprudelt es immer in seine kleine Schaluppe. So, wie Freund Donald ahnt, dass es mit der Verkehrstauglichkeit seines Gefährts nicht mehr weit her ist, egal, wie er sich bemüht, so dämmert es inzwischen einigen Politikern, dass nicht die Ausnahmen des EEG das Problem darstellen, sondern die Regeln. Und dass die zentrale Frage nicht in der Verteilung der Kosten besteht, sondern in den Kosten selbst.

Um diese Erfahrung zu machen, brauchte Energie- und Wirtschaftsminister Sigmar Gabriel nur gute vier Monate. Seine Lernkurve stieg deutlich steiler an als bei seinen Vorgängern. Möglicherweise geht der 17. April 2014 einmal als großer Wendepunkt in die Geschichte des Projekts Grünstrom ein. An diesem Tag besuchte Gabriel das Unternehmen SMA Solar in Kassel, einen Herstellern von Wechselrichtern. Wir wissen nicht, worin seine Lektüre auf der Fahrt bestand, und woher sein für Politiker ungewöhnlicher Entschluss rührte, einfach auszusprechen, was er dachte. Der Minister sagte jedenfalls:

„Die Energiewende steht kurz vor dem Aus. Die Wahrheit ist, dass wir die Komplexität der Energiewende auf allen Feldern unterschätzt haben. Die anderen Länder in Europa halten uns sowieso für Bekloppte."

Dieses vorläufige Schlusswort für ein 400-Milliarden-Projekt fand seinen Weg in die Lokalnachrichten und dort in viele Diskussionsforen, merkwürdigerweise aber nicht in die bundesweite Presse. Dementiert hatte Gabriel das Zitat nie.

Der Sozialdemokrat trat sein Amt als Energiewendeverantwortlicher 2014 schon mit einem anderen Vorsatz an als alle Vorgänger. Er wollte sich nicht wie Trittin und Röttgen für immer neue Wind- und Solar-Zuwachsrekorde feiern lassen und Subventionsmilliarden verteidigen. Gabriel nahm sich vor, als erster Minister in die Geschichte einzugehen, der die Kosten des Ökostromausbaus in den Griff bekommen würde. Die Belastung der Bürger sei hoch genug, schärfte er seinen angegrünten Genossen ein. Gerade die Sozialdemokraten müssten die Kosten der Energiewende ernst nehmen. Gabriel legte einen Entwurf für ein verbessertes Erneuerbare-Energien-Gesetz vor, er plante eine Begrenzung bei Windstromsubventionen auf die Gesamtinstallation von 2500 Megawatt pro Jahr und eine vorsichtige Kappung bei Biogas jenseits von 100 Megawatt. Dann ging er in die Verhandlung mit den Bundesländern. Und bekam den Zangengriff einer nach wie vor höchst kampagnenfähigen Lobby zu spüren. Sein Parteifreund, Schleswig-Holsteins Ministerpräsident Torsten Albig beschwerte sich, eine Subventionsobergrenze bei 2500 Megawatt für Windkraft sei der „reinen Sozialismus". Am Ende seiner Ausbaupläne möchte Albigs Land sechsmal mehr subventionierten Windstrom erzeugen, als es selbst verbraucht. Vermutlich wird er oder ein Nachfolger in einigen Jahren argumentieren, es wäre der reine Sozialismus, sollten ihm die südlichen Länder diese Überproduktion nicht abnehmen beziehungsweise die Kosten für die Entsorgung des Flatterstroms nicht übernehmen.

Aus dem Süden setzte Horst Seehofer den Energieminister unter Druck: Eine Subventionsgrenze für Biogas käme überhaupt nicht in Frage. Zwar kostet eine Kilowattstunde dieses Stroms derzeit 13,6 Cent, gut dreimal so viel wie Börsenstrom. Aber Landwirtschaftssubventionen haben in Bayern schließlich eine gepflegte Tradition.

Nicht nur die Länderchefs stellten sich stur, grüne Kampfverbände marschierten in allen größeren deutschen Städten auf, um Gabriel als Totengräber der Energiewende zu geißeln.

Am Ende setzten die Nordländer durch, dass das so genannte Repowering nicht durch die 2 500 Megawatt-Grenze beschränkt werden soll. Das heißt: Wenn jemand bestehende Windräder an Land durch größere Rotoren ersetzt, dann darf er sich zusätzlich aus dem Umlagetopf bedienen. Im Gegenzug durchlöcherte Bayern die 100-Megawatt-Förderungesgrenze bei Biogasanlagen: Betreiber, die ihre bestehenden Anlagen weiter ausbauen, bekommen für den Strom aus dem Pflanzengas weiter praktisch unbegrenzt zusätzliche Subventionen. Für Betreiber von Offshore-Windkraft-Plattformen verlängerte Gabriel selbst – auf dringenden Wunsch der Kanzlerin und ziemlich unbemerkt von der Öffentlichkeit – den Höchstfördersatz von 19 Cent pro Kilowattstunde auf die kommenden Jahre. An der Strombörse kostet eine Kilowattstunde zurzeit ungefähr 4 Cent; bei jeder Kilowattstunde Offshore-Windstrom muss der Stromkunde über die EEG-Umlage also 15 Cent zuschießen. Es dürfte weltweit nicht viele Fälle geben, in denen die Subventionshöhe eines Gutes mehr als das Dreifache des Basispreises beträgt. Liegen die Anschlusskabel für eine Rotorenplattform nicht rechtzeitig, dann zahlt der Stromkunde ebenfalls: nämlich Offshore-Haftungsumlage.

Eine ganz naheliegende Idee stand übrigens weder vor, noch nach dem Kompromiss in Gabriels Gesetzentwurf, nämlich der Gedanke, die Subventionslaufzeit für neue Windräder, Solardächer und Biogasanlagen wenigstens zu begrenzen, auf fünf oder sieben Jahre, wenn schon die politische Kraft für die Abschaffung des EEG nicht reicht. Die Betreiber aller neuen Grünstromanlagen, die jetzt und demnächst ans Netz gehen, können sich vielmehr nach wie vor über 20 neue subventionierte Jahre freuen, also über Stütze für die gesamte Abschreibungszeit eines Windrades oder Solarpanels. War nicht ganz am Anfang des EEG die Rede davon, Grünstrom bräuchten eine Anschubfinanzierung? Selbst 14 Jahre nach dem Inkrafttreten des Gesetzes läuft die planwirtschaftliche Rundumfinanzierung immer noch von der Installation bis zur Verschrottung. Die EEG-Umlage ist damit mindestens bis in die dreißiger Jahre des 21. Jahrhunderts sicher.

Und selbst wenn die EEG-Umlage tatsächlich nicht mehr stark ansteigen sollte (was sogar wahrscheinlich ist), klettern dafür andere Kosten umso schneller: Etwa die für über 2000 Kilometer Hochspannungsleitungen, von denen bisher kaum etwas gebaut wurde. Was wiederum nur als kleiner Rechnungsposten erscheinen dürfte im Vergleich zu den kommenden Subventionen für die konventionellen Kraftwerke. Ziemlich unbemerkt von der Öffentlichkeit rutschte fast der gesamte deutsche Kraftwerkspark ins Defizit, weil billiger grüner Flatterstrom das Netz flutet. Allein das baden-württembergische Staatsunternehmen EnBW will deshalb fünf seiner modernen, tadellos arbeitenden, allerdings leider verlustreichen Kraftwerke vom Netz nehmen. Das lässt die Bundesnetzagentur nicht zu: Die Stromerzeuger seien systemrelevant für die Netzstabilität in Süddeutschland. Dieses Problem stellt sich tatsächlich im Süden stärker, aber nach und nach breitet es sich über das gesamte Land aus. Wenn Kraftwerke zwar am Netz bleiben müssen, damit es auch Strom gibt, wenn die Sonne nicht scheint und der Wind nicht weht, sie aber gleichzeitig wegen der durchsubventionierten Konkurrenz kein Geld mehr verdienen können – dann bleibt nicht anderes übrig, als diese Kraftwerke ebenfalls mit Milliarden zu subventionieren – etwa eine halbe Milliarde pro Gigawatt vorgehaltener Leistung und Jahr. Deutschland könnte bis 2030 als erstes Land in die Geschichte eingehen, dem es gelingt, ein funktionierendes Energieversorgungssystem durch zwei Dauersubventionsfälle zu ersetzen. Die Entscheidung über die neue Runde der Kosten steht jetzt an.

Genau das könnte Sigmar Gabriel bei seinem historischen Besuch in Kassel durch den Kopf gegangen sein.

14 Jahre nach dem Start des EEG befinden sich die Politiker in der bedrückenden Lage, dass sie die Rechnung für den Grünstrom im bestehenden System bestenfalls hier und da mildern können. Und selbst diese leichten Korrekturen gibt es nicht ohne schwerwiegende Nebenfolgen. Die Umverteilungsmaschinerie selbst kennt konstruktionsbedingt nur das Prinzip der Beschleunigung – und keine Bremse.

Die vier Mechanismen der Kostensteigerung wirken zusammen und schaukeln einander auf:

— Mit dem immer schnelleren Ausbau der erneuerbaren Energien, angefacht vor allem durch die billigen chinesischen Solarmodule, steigen die Zahlungsverpflichtungen der Stromkunden in immer größeren Sprüngen. Selbst wenn die Förderung im Jahr 2014 schlagartig enden würde, würden die Zahlungen noch bis ins Jahr 2034 weiterlaufen.

— Durch die immer größer werdende Menge des je nach Wetterlage produzierten Ökostroms fallen seit 2009 immer höhere Kosten für die Entsorgung von überflüssigem und die Entschädigung für nicht einspeisbaren Strom an.

— Die Grünstrom-Schwemme drückt den Börsenpreis – und bürdet den Stromkunden immer höhere Ausgleichskosten zwischen Börsenniveau und den festen Einspeisetarifen auf.

— Rasch steigende Endverbraucherpreise führen automatisch dazu, dass immer mehr Unternehmen eine Befreiung vom größten Teil der EEG-Umlage in Anspruch nehmen können.

Das reduziert wiederum den Kreis der Umlagenzahler bei steigenden Kosten immer stärker – mit der zwangsläufigen Folge, dass die verbleibenden Zahler noch mehr schultern müssen.

Das CO_2-Paradox

Dass Ökostromproduzenten das Recht genießen, ihren Strom bevorzugt ins Netz zu speisen, wann immer sie wollen – unabhängig davon, ob ihn jemand braucht und ob ihn die Leitungen überhaupt aufnehmen können –, bleibt nicht ohne Folgen für den Markt. Da der Grünstrom an sonnigen und windigen Tagen die Netzkapazität oft schon weitgehend okkupiert, heißt das: Betreiber von Kohle- und Gaskraftwerken müssen ihre Anlagen entsprechend herunterfahren. Für sie schaltet die Ampel gewissermaßen auf Rot, damit der Ökostrom ungehindert fließen kann. Und da die erneuerbaren Energien bei passendem Wetter ohne Barrieren fließen, entfalten sie eine Wirkung, die immer auftritt, wenn jemand ein Verbrauchsgut massenweise auf den Markt wirft, ohne sich um die Nachfrage zu kümmern: Der Preis fällt. Die Mengen an Grünstrom drücken den Börsenpreis für Strom auf immer neue Tiefststände.

Zu den Besonderheiten der Strommarkt-Konstruktion gehört die sogenannte Merit Order. Das bedeutet: Während Ökostrom immer Vorfahrt genießt, dürfen nach ihm die anderen Kraftwerke in der Reihenfolge ihrer Kosten ins Netz, die günstigsten zuerst, so lange, bis der Strombedarf gesättigt ist. Die billigste fossile Energie liefern Kohlekraftwerke. Ihre Erzeugungskosten liegen zwischen 4,5 und sechs Cent pro Kilowattstunde. Gaskraftwerke dagegen produzieren ihren Strom für sechs bis sieben Cent pro Kilowattstunde (zum Vergleich: Offshore-Windstrom kostet 19 Cent, Solarstrom im Schnitt 14,9 Cent, Windstrom an Land 9,04 Cent je Kilowattstunde). Der billige Braunkohlestrom komplettiert also an vielen Tagen die Energieversorgung in Deutschland. Zwar geraten Braunkohlemeiler auch immer öfter ins Minus, da sich der Börsenstrompreis dank der Grünstrom-Massen zwischen drei und vier Cent bewegt. Aber er behauptet sich unter den fossilen Anlagen noch am ehesten auf dem Markt.

Das führt zu der Absurdität, dass ausgerechnet Gaskraftwerke regelrecht vom Markt gedrängt werden, obwohl sie sich binnen 15 Minuten hoch- und herunterregeln lassen und deutlich weniger Kohlendioxid ausstoßen als Kohlemeiler. Vor allem wegen ihrer Flexibilität sollten sie in der Theorie der schönen neuen Ökostromwelt die Rolle des Einspringers übernehmen, der die Erneuerbaren schnell ersetzt, wenn die Sonne nicht scheint und der Wind nicht weht. Gebraucht werden diese Standby-Kraftwerke dringend, schon um den Solarstrom zu ersetzen, der am Abend regelmäßig wegfällt, aber auch, um Schwankungen innerhalb eines Tages abzupuffern. Denn der Windrädertrag beispielsweise folgt einer dynamischen Kurve: Fällt die Windgeschwindigkeit nur um die Hälfte, dann sinkt die Windstromerzeugung auf ein Achtel.

Was geschieht in der Realität mit den modernen Gaskraftwerken, die zusammen mit den Ökostromanlagen eigentlich ein Gespann bilden sollten? Ein moderner Stromproduzent wie die Gasanlage des Unternehmens Trianel in Hamm-Uentrop, die mit einem Wirkungsgrad von 60 Prozent zu den umweltfreundlichsten Anlagen ihrer Art gehört, läuft wegen der Verdrängung durch Öko- und Braunkohlestrom gerade noch rund 4.000 Stunden pro Jahr. Mit anderen Worten: Sie steht mehr als sechs Monate lang still. Anderen Gaskraftwerksbetreibern geht es noch schlechter. Geld lässt sich mit diesen Anlagen, die nur hin und wieder ans Netz dürfen, nicht verdienen. Neue Gaskraftwerke baut unter diesen Umständen erst Recht kein Investor. Im Gegenteil: 2013 meldeten Energieversorger 28 Kohle- und Gaskraftwerksblöcke bei der Bundesnetzagentur ab. In zwölf Fällen prüft die Behörde noch: Fünf süddeutsche Kraftwerke gelten aus Sicht der Agentur als „systemrelevant", das heißt: als notwendig für die stabile Stromversorgung.

Für das Energiewendeland Deutschland ergibt sich deshalb für das erste Halbjahr 2013 eine hochgradig paradoxe Rechnung. Nach einer Studie des Fraunhofer Instituts verfeuerte Deutschland wegen der Verdrängung der Gaskraftwerke deutlich mehr Kohle; die Energieerzeugung aus Braunkohle stieg im Vergleich zum ersten Halbjahr 2012 um zwei und die aus Steinkohle um vier Terawattstunden; die Braunkohleverstromung in Deutschland steigt übrigens seit 2010. Gleichzeitig sackte wegen des langen trübstillen Winters 2013 die Windstromausbeute um 2,4 und die Solarstromerzeugung um 0,04 Terawattstunden ab. Am stärksten ging aber die Gasverstromung zurück – um 4,6 Terawattstunden. Dabei müsste der Anteil der Gaskraftwerke eigentlich steigen, je mehr Ökostromanlagen entstehen, wenn deren Schwankungen schnell und möglichst sauber aufgefangen werden sollen.

Das Gleiche gilt für Pumpspeicherwerke. Früher transportierten sie mit billigem Nachtstrom Wasser bergauf und verwandelten es um die Mittagszeit wieder in Elektrizität, wenn die Nachfrage gute Preise garantierte. Heute fällt durch den

Photovoltaik-Strom gerade um die Mittagszeit der Strompreis immer öfter auf Null oder sogar in den negativen Bereich. Das Geschäftsmodell funktioniert also nicht mehr. Und mit der Speicherung einer strategischen Reserve in Wasserbecken lässt sich schon gar nichts verdienen. Denn wenn sich das Wasser tage- oder wochenlang nicht nach unten bewegte, hätte der Betreiber für lange Zeit gar keine Einnahmen. Deshalb überlegen auch viele Manager, Pumpspeicherwerke stillzulegen – obwohl sie im Energiewendekonzept eigentlich dringlichst gebraucht würden.

Gehen wir an dieser Stelle einen Schritt zurück: Worin bestand nach den Erklärungen nahezu sämtlicher Politiker noch einmal der Sinn des Unternehmens Energiewende? Natürlich darin, alle Kernkraftwerke abzuschalten und ihre Kapazität durch Grünstrom zu ersetzen. Aber da der Atomausstieg ohnehin als beschlossen gilt, tritt seit 2011 eine neue Begründung an die Stelle der alten: Deutschland soll durch den Umbau seiner Energieversorgung seine selbst gesteckten Klimaziele erreichen, also weniger Kohlendioxid produzieren. In kaum einem öffentlichen Appell für die Energiewende fehlt der besorgte Hinweis auf den letzten Bericht des Weltklimarates. Doch es geschieht das exakte Gegenteil. Das Schicksal der Operation Grünstrom erinnert ein wenig an die Geschichte des Staatssozialismus. Dessen erklärter Zweck bestand bekanntlich am Anfang darin, die Lebensbedingungen der Arbeiter zu verbessern. Irgendwann verschwand dieses Ziel stillschweigend von der Agenda; stattdessen ging es der Funktionärskaste nur noch darum, ihre Macht zu erhalten – als Selbstzweck.

Energieversorger wissen schon, wie sich das Problem der unrentablen Kraftwerke lösen ließe: mit neuen Subventionen. Nach einer Kalkulation des Bundesumweltamtes würde es pro Gigawatt ungefähr eine halbe Milliarde Euro kosten, damit ein Betreiber sein eigentlich unwirtschaftliches Kraftwerk am Netz lässt. Der nordrheinwestfälische Wirtschaftsminister Garrelt Duin forderte im November 2013 für diesen Zweck sechs

Milliarden Euro pro Jahr, am besten aus der Bundeskasse. Ihm geht es nicht nur um die Energieversorger und deren Arbeitsplätze, sondern um ein viel heikleres Problem. Viele Kraftwerke, die plötzlich nicht mehr rentabel laufen können, gehören zu Stadtwerken. Dort spielen sie normalerweise die Finanzen für die notorisch geldschluckenden Schwimmbäder und Verkehrsbetriebe ein. Gerade viele klamme Kommunen im Ruhrgebiet würden direkt in den Konkurs schlittern, wenn die Energieerzeugung nun auch noch in die roten Zahlen geriete. In der „Rheinischen Post“ sah Duin eine „Katastrophe“ für viele Kommunen heraufziehen;[5] bei Gesprächen mit Kämmerern schlage ihm „die nackte Not entgegen“. Seine sechs Milliarden dürften, wie immer, den noch niedrigen Anfang einer neuen Subventionswoge markieren. In den kommenden Jahren bräuchte Deutschland eher eine Kraftwerksreserve von mindestens 20 Gigawatt. Das hieße: zehn Milliarden neue Subventionen pro Jahr. Die Deutschen erleben zurzeit eine Art experimentelle Bestätigung für die Interventionsspriralen-These des österreichischen Ökonomen Ludwig von

---

[5] Rheinische Post vom 28.10.2013

Mises. Nach Mises führt ein Staatseingriff, da er selten die gewünschten Ergebnisse bringt, zwangsläufig zum nächsten Herumfuhrwerken im System. Eine Subvention zieht die nächste nach sich, so lange, bis am Ende eine vollends ineffiziente Staatswirtschaft steht. Ludwig von Mises stellte seine These in den dreißiger Jahren des vorigen Jahrhunderts auf. Eigentlich müsste sie nicht mehr nachgeprüft werden – das hatten die Ostblockstaaten schon in beeindruckender Weise erledigt. Aber offenbar erhebt sich der Glaube an die Weisheit einer staatsgeleiteten Ökonomie wie ein Untoter immer wieder von Neuem.

Das „Wall Street Journal" vergleicht den wahnwitzigen Marsch in die allseitige Subventionierung mit Maos großem Sprung nach vorn. Unter der Überschrift „Germany Reinvents the Energy Crisis"[6] spottet das Blatt, so, wie der Große Steuermann damals seine Bauern gezwungen habe, ihre Pflüge und Töpfe einzuschmelzen, um daraus minderwertigen Stahl herzustellen, so ruiniere die „Liebesaffäre mit den Erneuerbaren" den konventionellen Kraftwerkspark Deutschlands – und die Industrie gleich mit.

Für begeisterte Energiewende-Anhänger in der Politik und anderswo beschert die Entwicklung zwei ernüchternde Einsichten. Erstens: Jede Grünenergie-Anlage benötigt entweder die Kapazität eines Standby-Kraftwerks oder eines Speichers, um die Schwankungen bei Wind und Sonne auszugleichen. Alle, die im Jahr 2000 glaubten, das System der neuen Energien werde einfach Schritt für Schritt den alten

---

[6] Wall Street Journal vom 8.11.2013

fossilen Kraftwerkspark verdrängen, sehen spätestens jetzt: Es entstehen in Wirklichkeit zwei Systeme nebeneinander – eine Schönwetter-Energieerzeugung und eine für Flaute und Dunkelheit. Selbst wenn die erneuerbaren Energien im Jahr 2050 planmäßig im Schnitt 80 Prozent der Versorgung in Deutschland übernehmen, dann bedeutet das nicht etwa, dass der konventionelle Kraftwerkspark nur für die anderen 20 Prozent des Bedarfs herhalten müsste. Die Grünstromerzeugung wird auch in den kommenden Jahren an etlichen trüben und windstillen Tagen bis auf ein Fünfzigstel ihrer installierten Leistung zusammenschnurren. Dann hängt die Versorgung des Industrielandes selbst dann noch an Gas und Kohle, wenn Wind- und Solarparks das Gesicht des Landes beherrschen.

Zweitens: diese Lückenfüller-Kraftwerke und Speicher rutschen rasend schnell in die Abhängigkeit von neuen Subventionen. Ausgerechnet die umweltfreundlichen Gaskraftwerke trifft es zuerst. Es entsteht also neben der Milliarden-Umverteilungsmaschine für Ökostrom gleich eine zweite für konventionelle Kraftwerke, die bis vor kurzem noch keine Stütze brauchten.

Das Geld der anderen

Lässt sich dieses Projekt Grünstrom noch aus seiner multiplen Misere retten? Lassen sich die Kosten bremsen oder wenigstens drosseln? Die Verfechter der verfahrenen Energiewende präsentieren durchaus Modelle, wie sich aus ihrer Sicht die Lasten zumindest mildern ließen. Um eines gleich vorwegzunehmen: Keine dieser vermeintlichen Lösungen verlangt von den Ökostromproduzenten einen Verzicht oder wenigstens einen bescheidenen finanziellen Beitrag. Wenn Verbandsvertreter und Fernsehstudio-Energieexperten ihre Rezepte erklären, dann geht es zuverlässig um das Geld der anderen.

Die beliebteste Idee besteht in der Abschaffung der EEG-Befreiung für die Industrie; sie brächte, wie schon beschrieben, kaum mehr als eine Senkung von einem Cent pro Kilowattstunde und damit bestenfalls eine Atempause. Der Charme des Vorschlags liegt für die Grünstromer vor allem in der Symbolik: Gegen die vermeintlich unsolidarische Industrie lässt sich die Wut der Verbraucher am leichtesten lenken.

Ein anderer Vorschlag besteht darin, dass die Politik den Preis für CO_2-Zertifikate anheben und damit den Kohlestrom verteuern möge. Damit würde der Börsenpreis für Strom wieder steigen – und der Differenzbetrag zu den Abnahmepreisen für Ökostrom wieder sinken. Mit der Ausgabe und dem Handel von CO_2-Zertifikaten wollten die Regierungsverantwortlichen eigentlich den Kohlendioxidausstoß in Europa senken. Allerdings funktionierte auch dieses System, wie fast alle Mischlösungen aus Staatsvorgaben und Markt, anders als von seinen Schöpfern beabsichtigt. Der Preis der Zertifikate verfiel, zum einen wegen der Wirtschaftskrise in vielen europäischen Ländern, die auch den Kohlendioxidausstoß bremste, zum anderen wegen des wachsenden Grünstromanteils in Deutschland und anderen Staaten. Das Gegenmittel soll nun im sogenannten Backloading bestehen, also darin, dass die Regierungen europaweit ein paar hundert Millionen CO_2-Zertifikate vom Markt nehmen, um den Wert der restlichen Papiere zu steigern. „Wir brauchen ein gewisses Backloading von

CO_2-Emissionen, damit der CO_2-Zertifikatpreis wieder ein vernünftiges Niveau erreicht", verkündete Angela Merkel im November 2013 auf dem Kongress der Industriegewerkschaft Bergbau Chemie Energie. Aber abgesehen davon, dass es sich dabei um den soundsovielten Staatseingriff handeln würde: Am Strompreis würde das nichts ändern. Wenn der Börsenstrompreis stiege, sänken in der Tat die Differenzkosten und damit die EEG-Umlage. Aber dann läge eben der Börsenpreis höher. Der Börsenpreis und die Differenzkosten bilden zusammen das, was man ein homöostatisches System nennt. In ihrer Summe bleiben sie also immer gleich, egal, wie sich ihre Anteile untereinander verschieben. Die Summe muss auch gleich bleiben, da sich an den festen Einspeisegebühren für Ökostrom ja nichts ändert. Die Differenzkosten füllen schließlich nur, wie schon beschrieben, die Lücke zwischen dem Börsenpreis und dem Garantiepreis für den Grünstrom.

Und durch das Backloading würde sich noch nicht einmal der globale Kohlendioxidausstoß verringern. Es würde Kohle zwar in Deutschland und anderen europäischen Ländern wie beabsichtigt verteuern. Aber dadurch würde die Nachfrage nach Kohle auf dem Weltmarkt sinken – und damit vorübergehend der Preis. Schwellenländer mit großem Energiehunger und geringem Budget würden das ausnutzen und entsprechend mehr Kohle kaufen. Die Emissionen würden sich also nur in andere Erdteile verlagern.

Ein höherer Börsenpreis für Strom brächte nur einen Vorteil: Gaskraftwerke könnten wieder rentabel laufen und bräuchten wenigstens keine Subventionen.

Die dritte Reparaturidee wird mittlerweile am lautesten vorgetragen, von der unverwüstlichen DIW-Frau Claudia Kemfert wie von nahezu allen Politikern der Grünen und sämtlichen Lobbysprechern: Die Energieversorger sollen doch endlich die niedrigen Börsenpreise für Strom an die Kunden weitergeben. Auf den ersten Blick klingt die Forderung plausibel. Zwischen einem Börsenpreis von drei bis vier Cent pro Kilowattstunde und einem Endkundenpreis von fast 29 Cent klafft tatsächlich ein riesiger Spielraum. Bei Kemfert und anderen klingt die Anklage gegen die gierigen Versorger so, als würden sich die Unternehmen diese Differenz in die Tasche stecken. Schön wär's, müssten die Manager der Energieunternehmen antworten. Unser Strompreis gleicht nämlich einer Schichttorte: Auf den eigentlichen Kosten für eine Kilowattstunde Strom liegen Scheibe für Scheibe Abgaben, Entgelte und Steuern. Und zwar folgende: 6,24 Cent EEG-Umlage (seit 1. Januar 2014), 1,79 Cent Konzessionsabgabe, 0,126 Cent zur Förderung der Kraft-Wärme-Kopplung, 0,329 Cent Paragraf-19-Umlage zur Entlastung der Industrie, 0,25 Cent

Offshoreumlage, 2,05 Cent Stromsteuer und dann noch einmal 4,7 Cent Mehrwertsteuer. Macht zusammen 14,42 Cent, also etwas mehr als die Hälfte des Preises, den die Verbraucher zahlen. Diesen Teil kassieren die Versorger nur, um ihn sofort weiterzureichen. Übrig bleiben 14,32 Cent. Darin stecken allerdings die Netzgebühren für den Stromtransport, die etwa 20 Prozent des Endkundenpreises entsprechen. Die Netzgebühren legt die Bundesnetzagentur fest; an ihnen können die Versorger ebenfalls weder etwas ändern noch etwas verdienen. Bleiben also 30 Prozent von den 28,73 Cent, die der Versorger überhaupt selbst beeinflussen darf. Bei diesem knappen Drittel handelt es sich allerdings nicht um den Gewinn, sondern um den eigentlichen Umsatz nach Erfüllung aller Inkassopflichten. Davon muss ein Energieversorger seine Einkaufs-, Management- und Kapitalkosten decken. Natürlich lässt sich am Ende noch etwas verdienen, vorausgesetzt, der Versorger betreibt nicht noch ein E-Werk, das vom Börsenpreis unter die Gewinnschwelle gedrückt wird. Aber selbst dann fallen die Margen im Vergleich zu anderen Handelsunternehmen alles andere als üppig aus. Fazit: Es gibt bei den Energieversorgern keinen Dagobertschatz, der sich an die gebeutelten Stromkunden umverteilen ließe. Etliche Stadtwerke schreiben mit der Stromerzeugung Verluste oder verdienen kaum den Inflationsausgleich.

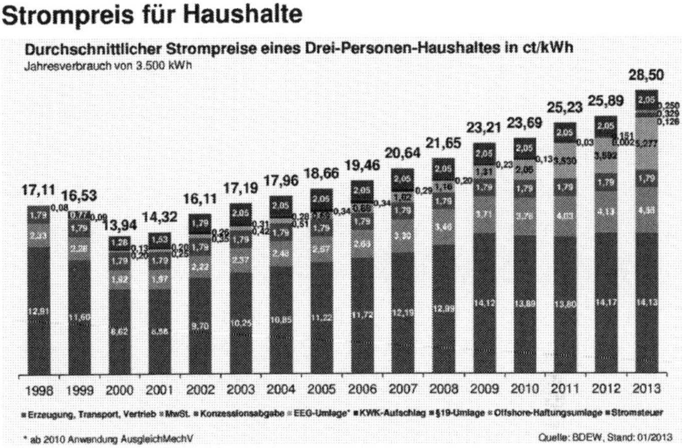

Eine besonders bizarre Blüte präsentiert die bayerischen Wirtschaftsministerin Ilse Aigner mit ihren Vorschlag, die Grünstromförderung einfach auf Pump zu finanzieren. Die Vergütungen der Ökostromhersteller würden nach ihrer Vorstellung teilweise von der staatlichen Kreditanstalt für Wiederaufbau übernommen. In der Gegenwart könnte die Ökostromumlage also leicht sinken, was den Unmut der Stromkunden beschwichtigen und die nächsten Wahlen deutlich erleichtern würde. Die Last der mehr als 70 Milliarden Euro, die mit dieser Übung in die zwanziger Jahre des 21. Jahrhunderts verschoben würde, müsste dann die Generation abstottern, die schon 2.000 Milliarden Euro Staatsschulden erbt und die Renten der Babyboomer finanzieren darf. Die CSU-Frau darf für sich in Anspruch nehmen, den Gipfel der Scheinheiligkeit erobert zu haben, indem sie für das angeblich nachhaltigste Projekt der deutschen Geschichte das Motto ausgibt: Genieße jetzt das Gefühl, die Welt zu retten. Und lass die Kinder später dafür zahlen.

Alle Vertreter der Grünstrombranche betonen mit beachtlicher Selbstverständlichkeit, dass alle Opfer bringen müssten: Stromkunden, Industriebetriebe, Energieversorger. Nur an ihren eigenen Privilegien, das betonen sie in jeder Wortmeldung, darf sich kein Jota ändern. Was zu der Frage führt: Welche Therapie könnte tatsächlich helfen? Also den gröbsten Kostenanstieg verhindern und die erneuerbaren Energien einigermaßen in den Markt einfügen?

Die Antwort geben Unternehmer wie Tim Meyer, Geschäftsführer des Hamburger Unternehmens Grünstromwerk. Er schafft, was nach den Beteuerungen der Ökobranche angeblich überhaupt nicht geht: Er vermarktet subventionsfreien deutschen Solarstrom. Ein Viertel des Stroms kauft er Solarenergieerzeugern direkt ab, die dafür auf die EEG-Einspeisegebühren verzichten. Drei Viertel der Energie bezieht er aus sehr viel günstigeren Wasserkraftanlagen außerhalb Deutschlands. Für seinen Strom aus erneuerbaren Quellen ergibt sich eine Mischkalkulation, von seinen Endkunden verlangt er 27 Cent pro Kilowattstunde. Damit kann er auf dem Markt konkurrieren. Hier liegt der entscheidende Punkt: Wenn Leute wie Tim Meyer Ökostrom ohne Subventionen auf den Markt bringen können – dann brauchen Ökostromer ab sofort keine Stütze mehr, weder in Hamburg noch anderswo. Neue Solaranlagen können dank niedriger Systempreise Strom für 14,9 Cent pro Kilowattstunde herstellen. Besitzer von Eigenheimen, die für den Eigenbedarf produzieren, kämen ebenfalls ohne Hilfen zurecht, selbst dann, wenn sie die

Kosten für eine Batterie im Keller und die Mitnutzung des Stromnetzes mitkalkulierten. Da der Preis für Solaranlagen weiter fällt und die Effizienz steigt, bewegt sich der Preis ohnehin in die Richtung von zwölf bis zehn Cent. Windanlagen an guten Standorten produzieren Strom für sieben bis acht Cent; mit einer Mischkalkulation nach Vorbild des Hamburger Grünstromwerkes könnten sie ebenfalls am Markt bestehen. Für alle neuen Ökostromanlagen könnte der Gesetzgeber also schon im Jahr 2014 alle Subventionen auf einen Schlag streichen. Der immer wieder beschworene Zusammenbruch der erneuerbaren Energien bliebe aus. Es gäbe weitere Unternehmen wie das Grünstromwerk, die es mit unternehmerischem Geschick aus eigener Kraft schafften, es gäbe immer noch genügend Hausbesitzer, die sich eine Anlage aufs Dach montieren ließen.

Der Ökostromanteil wüchse nach dieser Radikalkur etwas langsamer. Aber das wäre auch dringend nötig. Denn dann könnte endlich der Netzausbau nachkommen.

Die bestehenden Anlagen bekämen weiterhin ihre gesetzlich festgeschrieben Subventionen, das Umverteilungssystem könnte erst 2034 enden. Aber es würden wenigstens keine neuen Subventionsfälle mehr dazukommen.

Das absurde Privileg, nach dem selbst nicht eingespeister Strom vergütet wird, sollte bei der Gelegenheit ebenfalls kassiert werden. Dann könnten die Netze auch früher abgeregelt werden, wenn große Massen an Sonnen- und Windstrom in die Leitungen drängen. Es gäbe dann deutlich weniger Preisverfall bis hin zum Negativpreis an der Strombörse.

Der Grünstromanteil wüchse nach einem solchen Schnitt bis 2020 vielleicht nicht wie geplant auf 35 Prozent, sondern wahrscheinlich nur auf 30. Verglichen mit den Kostenprognosen der Vergangenheit oder der Vision von einer Million

Elektroautos wäre diese Marke aber noch nicht einmal weit vom Ziel entfernt.

Eine Wohltat kann eine durchgreifende Reform den Bürgern und den Mittelständlern allerdings nicht bieten: sofort sinkende Strompreise. Aber der Strompreis bliebe zum ersten Mal auf hohem Niveau stabil. Erst ab 2020 dürfte er sich nach unten bewegen, wenn auch nur leicht.

Wer die Grünstromsubventionen für neue Anlagen abschaffte, bekäme natürlich die ganze Wucht der Branchenlobby zu spüren: Märsche aufs Kanzleramt, Manifeste, Anzeigenkampagnen, Aufforderungen der Verbände, Abgeordnete nicht mehr zu wählen, sollten sie es wagen, die Hand für eine Gesetzesänderung und gegen die Weltrettung erheben. Jeder Taifun in 20.000 Kilometern Entfernung würde ohne Rücksicht auf Sinn und Zusammenhang zum Menetekel erklärt. Aber gerade das wäre ein guter Grund für die Politik, das Subventionssystem auf einen Schlag zu kippen. Das wäre leichter und weniger kräftezehrend, als mit der Öko-Lobby in den kommenden vier bis sechs Jahren um jeden Cent Einspeisegebühr und jedes Privileg einzeln zu feilschen. Der Ärger wäre dann praktisch der gleiche – allerdings bei jeder einzelnen Stellschraube.

Dass die Subventionen enden müssen, wissen die Verantwortlichen. Mit dem schleswigholsteinischen Umweltminister Robert Habeck spricht sich mittlerweile auch der erste

Grünenpolitiker dafür aus, die Ökostromvergütungen wenigstens deutlich zu senken.

Als Hermann Scheer und seine drei Verbündeten das Gesetz im Jahr 2000 schrieben, führten sie vor allem eine Begründung an: Die Ökoenergieunternehmen existieren in einer winzigen Nische, sie brauchen Schutz, um überhaupt zu prosperieren und von den restlichen 95 Prozent des Marktes nicht erdrückt zu werden. Das Erneuerbare-Energien-Gesetz sollte ihnen gewissermaßen als Inkubator dienen. Heute brauchen die erneuerbaren Energien diesen Inkubator nicht mehr. Sie sind erwachsen. Das heißt: Sie müssen auf eigenen Füßen stehen. Und sie können es auch.

2 – PINOT GRIGIO AUS NEUFUNDLAND

Warum die Grünenergie-Subventionen das Falsche fördern

Gelegentlich heißt es, die Energiewende werde möglicherweise Opfer ihres eigenen Erfolgs. Entstehen nicht überall Windparks, Solarkraftwerke und Biogasanlagen? Versorgt Grünstrom nicht an manchen Tagen und zu manchen Stunden schon fast ganz Deutschland? Das Tempo, meinen Grünstrombegeisterte, sei möglicherweise etwas hoch, die Kosten stiegen ein bisschen zu schnell. Aber eben nur deshalb, weil sich die neue Energie so unaufhaltsam durchsetze. Wie aber messen wir den Erfolg eines Projekts? Zum einen mit dem Blick von außen und aufs Ganze: Schafft die Energiewende Wohlstand, oder senkt sie ihn? Es gibt aber noch einen begrenzten Blick von innen: Erreicht das Umverteilungssystem, mit dem die neuen Energieanlagen gefördert werden, wenigstens die Ziele, die seine eigenen Unterstützer ausgeben, nämlich den „schnellsten Ausbau zu den besten Preisen“? So jedenfalls definierte der ehemalige

Umweltminister Jürgen Trittin noch 2013 die entscheidenden Kriterien. Sicher soll die Energieversorgung selbstredend auch bleiben.

Dass die Zahl der Solar-, Wind- und Gasanlagen schnell wächst, sagt noch nichts über die Effizienz des Systems aus. Würde die kanadische Regierung den Anbau von Pinot Grigio auf Neufundland ähnlich fördern wie die Bundesregierung die erneuerbaren Energien – also Weinbauern eine Abnahmegarantie zu Höchstpreisen zusichern und ihnen die Mühe der Vermarktung abnehmen –, dann entstünden in der rauen Gegend in schnellem Tempo riesige Weingewächshäuser; die reine Produktionsmenge eines teuren und säuerlichen kanadischen Weißweins würde phänomenal wachsen. Eifrige Förderer der kanadischen Selbstversorgung mit Grauburgunder, die das Vorhaben an sich für eine großartige Idee halten, müssten also fragen: Bekommen wir für unsere Milliardensubventionen wenigstens die größtmögliche Menge Wein? Und zweitens: Steht er uns ohne große Schwankungen zur Verfügung?

Das Modell einer nordostamerikanischen Weinautarkie bleibt im Paralleluniversum der Theorien, vermutlich zur Freude aller Gourmets. In Deutschland allerdings erreicht die real existierende Energiewende noch nicht einmal die selbst gesteckten Ziele ihrer größten Anhänger.

Als der Sozialdemokrat Hermann Scheer, der Grüne Hans-Josef Fell und die Grünenpolitikerin Michaele Hustedt vor 13 Jahren das Erneuerbare-Energien-Gesetz (EEG) praktisch im Alleingang verfassten, entschieden sie sich für die Grundstrategie, Ökostromherstellern die Mehrkosten im

Vergleich zu konventionellen Produzenten durch eine Umlage zu erstatten. Aus welchen Quellen der neuen Energien welcher Anteil stammen sollte, dazu machte das Gesetz keine Vorgaben. Der Gedanke klingt erst einmal nicht abwegig, führt allerdings zu einem gravierenden Problem: Werden die jeweiligen Mehrkosten für jede Art der erneuerbaren Energie vollständig ausgeglichen, dann braucht sich kein Hersteller darum zu kümmern, wie teuer er produziert. Ein „zu teuer" kann es für ihn folglich nicht geben. Hätten sich die Schöpfer des Gesetzes stattdessen dafür entschieden, jedem Erzeuger der Erneuerbaren eine feste Prämie von, sagen wir, 30 Prozent auf den Börsenpreis von Strom unabhängig von der Art der Erzeugung zu bieten, dann hätten die Hersteller ein massives Interesse daran entwickelt, ihre Energie so günstig wie möglich zu produzieren, denn aus der Differenz zwischen den eigenen Kosten und dem Marktpreis plus Prämie ergäbe sich ihr Gewinn. Sie wären also trotz der staatlichen Prämie Unternehmer geworden. Aus Eigennutz hätten sie die günstigste Version der erneuerbaren Energien auch zu der am weitesten verbreiteten gemacht.

Scheer, Fell und Hustedt kalkulierten anders: Sie glaubten, den Ausbau am schnellsten dadurch vorantreiben zu können, dass sie den GrünenergieInvestoren von jedem unternehmerischen Risiko befreiten, und das nicht nur für eine kurze Zeit, sondern für 20 Jahre ab dem Start einer Anlage. Als Politiker wünschten sie sich außerdem so viele Profiteure des Verteilungssystems wie möglich. Aus Profiteuren einer Politik werden erfahrungsgemäß treue Wähler. Statt einer einheitlichen Prämie schufen sie nicht nur für jede Energieerzeugungsart einen eigenen gesetzlich festgelegten Tarif, sondern unterteilten die Tarife noch einmal säuberlich nach Anlagengröße: Großanlagen bekamen und bekommen eine geringere Vergütung pro Kilowattstunde, Betreiber von Kleinanlagen eine höhere. Für neue Anlagen senkte der Bundestag in den folgenden Jahren mehrmals die Tarife, schuf aber gleichzeitig auch neue Regeln und Sonderfälle. Deshalb existieren heute rund 4.000 verschiedene Einspeistarife für Ökostrom. Das Vergütungssystem gestaltete sich kaum weniger komplex als das deutsche Steuersystem, und ein ganzer Wirtschaftszweig von Beratern lebt davon, dieses Spezialwissen zu vermarkten. Aber jeder Tarif folgt bis heute dem einfachen Grundsatz: Je höher die Kosten für die jeweilige Herstellungstechnik des grünen Stroms, desto höher auch seine Vergütung.

Das Gesetz setzte gigantische Geldströme in Bewegung – nur nicht in Richtung der günstigsten Technologie. Die Photovoltaik ist in Deutschland seit Jahren eine der kostspieligsten Energieerzeugungsmethoden. Nur die technisch anspruchsvolle Stromerzeugung auf offener See (die aber bislang nur Kleinstmengen an Strom liefert) kostet noch mehr, Wind- und Biogas-Energie dagegen erheblich weniger. Doch gerade in die teuren Solarmodule flossen und fließen die höchsten Subventionen, denn das EEG macht jeden automatisch zum Gewinner, der einen günstig gelegenen Acker oder ein geeignetes Dach für Photovoltaik besitzt. Um die hohen Kosten der Technologie müssen sich Solaranlagenbesitzer dank der hohen Garantievergütung nicht kümmern. Im Jahr 2013 floss der Anteil von 53,4 Prozent der EEG-Subventionen deshalb in Solaranlagen, die nur gut 26,2 Prozent zu den erneuerbaren

Energien und noch nicht einmal fünf Prozent zur gesamten Stromproduktion in Deutschland beisteuerten. Dieses Nischenangebot kostet die Stromkunden mittlerweile rund 110 Milliarden Euro an Subventionen, die teils schon gezahlt wurden, teils unausweichlich in den kommenden Jahren fällig werden. Zum Vergleich: Im Jahr 2013 flossen 16,4 Prozent der EEG-Subventionen in die Windkraft an Land; dieser Windstrom liefert 41,5 Prozent der erneuerbaren Energien. Für nicht einmal ein Fünftel der Kosten produzieren Windräder also fast die Hälfte des Grünstroms. Und für mehr als die Hälfte der Kosten erzeugen Solaranlagen gerade einmal gut ein Viertel.

Dass sich ausgerechnet die teuerste Methode an die Spitze setzte, liegt allerdings nicht nur an der deutschen Subventionsmechanik. Ohne es zu wollen, sorgten auch namenlose Bürokraten aus dem chinesischen Wirtschaftsministerium dafür, indem sie Milliarden in eine eigene Photovoltaikindustrie steckten – mit dem klaren Ziel, irgendwann den Weltmarkt zu beherrschen. Solarzellen können auch Hersteller außerhalb Europas und der USA ohne Mühe bauen. Es zählt vor allem der Preis. Die chinesische Regierung subventioniert ihre Photovoltaik-Hersteller massiv – mit der Folge, dass ihre billigen Anlagen den Weltmarkt fluten. Noch Mitte 2010 lag der Preis für monokristalline Module aus China pro Watt/Peak bei 1,90 Euro. Heute steht er bei 59 Cent. Für diesen Preis kann selbst ein chinesischer Hersteller nicht kostendeckend produzieren, aber, wie sich zeigt, rund 86 Prozent des deutschen Marktes erobern. Die chinesischen Fabriken besitzen heute nach Branchenschätzungen eine Kapazität, mit der sie den Weltmarkt gleich zweimal überschwemmen könnten. Deutsche Hersteller würden unter diesen Umständen entweder pleite gehen – wie die Bitterfelder Unternehmen Q-Cells und Solvello – oder sich das vorläufige Überleben dadurch erkaufen, dass sie ihre Produkte ebenfalls weit unter ihren Herstellungskosten losschlagen wie das Bonner Unternehmen Solarworld. Von deutschen Solaranlagenherstellern hört man deshalb seit gut drei Jahren eine Klage, die ihnen vorher nicht über die Lippen gekommen wäre: Sie beschweren sich über Subventionen. Zumindest über die in Fernost.

Was für die Belegschaft der europäischen Solarmodulhersteller Entlassungen und Kurzarbeit brachte, bedeutete für Investoren von Solarparks in Deutschland den größten anzunehmenden Glücksfall. Die Politiker reagierten zwar auf den Preisverfall bei der Technik, indem sie für neue Anlagen die Einspeisevergütungen für Solarstrom herunterregelten. Aber sie kamen dabei kaum nach: Spätestens seit 2010 fiel der Preis für die Technik schneller als der staatlich festgesetzte Preis für Solarstrom. Solarinvestoren sahen und sehen sich also in der beneidenswerten Lage, von Berlin und Peking gleichzeitig mit Geld überschüttet zu werden, sofern sie ihre Anlagen in Deutschland aufstellen. Sie bekamen nicht nur ihre Kosten ausgeglichen, sondern erzielten, um es gut marxistisch zu sagen, Extraprofite. Die doppelte Förderung führte erst recht dazu, dass ausgerechnet eine der schwächsten, teuersten und ineffizientesten Formen der erneuerbaren Energie Jahr für Jahr glänzende Zubaurekorde feierte. Allein 2012 brachten Investoren zwischen Flensburg und Garmisch eine Leistung von 7.600 Megawatt Solarstrom ans Netz – so viel wie noch nie.

Um auf unsere hypothetische Grauburgunder-Industrie in Neufundland zurückzukommen: Liefe es dort so wie in Deutschland, dann würden dort auch noch bevorzugt die ertragsschwächsten Sorten mit den höchsten Fördersätzen belohnt.

Auch bei dem eigentlich wirtschaftlicheren Windstrom lässt sich beobachten, wie Subventionen das Sinnlose fördern. Investoren errichten die Rotoren nicht nur dort, wo die

natürlichen Bedingungen es nahe legen, nämlich am Meer und auf dem platten Land. Auf See erreichen die Räder im Schnitt immerhin 4.260 sogenannte Volllaststunden pro Jahr, rechnerische Stunden also, die dem technischen Maximum an erzeugbarem Strom entsprechen. Die auf 20 Jahre garantierten Abnahmepreise locken auch immer mehr Windkraftprofiteure weit in den vergleichsweise windarmen Süden: in das mittlere Rheintal südlich von Bonn, an den Titisee im Schwarzwald, auf den Hunsrück, in den Odenwald. Viele dieser Parks befinden sich in Planung, einige stehen bereits. Pro Rad müssen 6.000 bis 10.000 Quadratmeter Wald abgeholzt werden, um Schneisen für die Tieflader und Platz für die Turbinen selbst zu schaffen. Ihre Leistung liegt dann, obwohl sie mit ihren fast 200 Metern den Kölner Dom überragen, oft gerade einmal bei 1.000 bis 1.200 Volllaststunden. Ein Jahr aber dauert 8.760 Stunden. Gäbe es für jedes Kilowatt nur einen prozentualen Aufschlag auf den Börsenpreis, dann käme niemand auf die Idee, in diesen ertragsschwachen Gegenden auch nur einen Rotor zu errichten. Nur durch die feste Vergütung rechnen sich diese Windparks in südlichen Mittelgebirgen überhaupt – für viele Betreiber. Und selbst die verlieren oft Geld (siehe „Ein Wirtschaftswunder fällt aus").

Volkswirtschaftlich führt das Subventionssystem allerdings zur größten Absurdität der Nachkriegsgeschichte: Weil Windkraftwerke durch die Geldgeschenke überall entstehen – nicht nur dort, wo der Wind kräftig weht – und Investoren außerdem ebenso reichlich wie planlos Solaranlagen und Biogaskraftwerke über das Land würfeln, träumt mittlerweile jedes deutsche Bundesland von seinem eigenen Energiewunder. Das windreiche Schleswig-Holstein will in einigen Jahren das Sechsfache des eigenen Strombedarfs erzeugen, Niedersachsen 150 Prozent. Brandenburg, reich an Windkraft und Biogas, stellt sich vor, Strom-Selbstversorger zu werden. Die rheinland-pfälzische Wirtschaftsministerin Eveline Lemke verfolgt den Plan, ihr Land bis 2030 stromautark zu machen, und will dafür die Mühlenkapazität in ihrem windarmen Beritt verfünffachen, auch mit Rotoren gleich neben dem Drachenfels, in der romantischen Herzenslandschaft der Deutschen. Dass im bergigen Rheinland-Pfalz die durchschnittliche Volllaststundenzahl gerade bei 1.403 liegt – und damit auf Platz 15 der 16 Bundesländer –, ficht sie nicht an. Umso mehr Propeller müssen nach der ministeriellen Logik eben errichtet werden, um die strompolitische Unabhängigkeit zu erzwingen. Bayern wünscht sich unter Horst Seehofer selbstverständlich energetische Selbstständigkeit, wenn es schon zur staatlichen nicht reicht. Und so fort. Wer soll dann aber die Stromüberschüsse der Nordländer abnehmen? Wer den Bundesumweltminister rhetorisch in die Enge treiben will, der sollte ihm genau diese Frage stellen. Denn darauf gibt es noch nicht einmal eine vage Antwort. Der Gedanke, jedes Land und besser noch jede Region müsse ihren eigenen Strom erzeugen, erscheint übrigens ungefähr so intelligent wie die Forderung, jede Gebietskörperschaft zwischen Flensburg und Garmisch habe auch ihren eigenen Wein und ihren lokalen Seefisch zu produzieren.

Abgesehen von der Fehllenkung von Millionen Euro machen die subventionsgepäppelten Rotorenparks in windarmen Gebieten das Angebot an Windstrom noch unsicherer, als es sonst der Fall wäre. Obwohl im Jahr 2011 bundesweit 712 neue Windräder in Deutschland aufgestellt wurden, produzierten die Windmüller im Jahr 2012 weniger Strom als im Vorjahr. Schuld daran waren keine heimtückischen Feinde der Energiewende, sondern die Natur: Im Jahr 2012 wehte schlicht weniger Wind. Rotoren in süddeutschen Berglandschaften, die selbst in guten Windjahren nur in einem rechnerischen Siebtel oder Achtel des Jahres ihre volle Leistung liefern, verschärfen diese natürlichen Schwankungen noch.

Zudem existieren gerade in Norddeutschland noch gar nicht die Netze, die den Strom an wind- und sonnenreichen Tagen überhaupt aufnehmen können. Den Strom zu speichern lohnt sich für die Ökostromer nicht, da er immer vergütet wird, egal, ob er überhaupt zu den Haushalten gelangt oder nicht. Also müssen die Netzbetreiber immer häufiger Windparks abregeln. Das heißt: Sie lassen den Strom, der eigentlich produziert werden könnte, gar nicht erst in die Netze, die sonst unter der Überlastung kollabieren würden. Und jedes Windrad, jedes Solarpanel, das zugebaut wird, verschärft das Problem.

Im Jahr 2011 mussten 407 Gigawattstunden Windstrom abgeregelt werden. Der Gegenwert dieses Stroms betrug 33,5 Millionen Euro. Die Stromhersteller muss das nicht kümmern, denn sie bekommen das Geld, wie gesagt, trotzdem. Auf diese Weise führt die Energiewende – ein Projekt, dessen Verfechter unentwegt mit dem Begriff „Nachhaltigkeit" werben – zu einer Energieverschwendung, die wir sonst nur aus der Geschichte von Ostblockstaaten kennen. Besonders anschaulich lässt sich an der Verwertung von Biogas erklären, wie die Subventionen die Ineffizienz geradezu fördern. Das Gas wird zumeist aus Mais gewonnen. Die massereiche Pflanze wächst in Deutschland mittlerweile auf zwei Millionen Hektar. Selbst Grüne wie der schleswig-holsteinische Energieminister Robert Habeck sehen die Landschaftsverödung und Naturverarmung durch die riesigen Maisplantagen inzwischen als Problem. Aber könnte die Monokultur nicht auch Vorteile bringen? Mit einer eingespeisten Strommenge von 41 Gigawattstunden rangierte diese Energieart unter den Erneuerbaren im Jahr 2012 auf Rang zwei, hinter der Windenergie, aber deutlich vor dem Solarstrom. Gegenüber den anderen erneuerbaren Energien besitzt das Pflanzengas einen höchst wertvollen Vorteil: Es lässt sich speichern. Mit dem Gas könnten die Energiebauern eigentlich das wichtigste Problem der Energiewende lindern, nämlich die extreme Schwankung im Angebot erneuerbarer Energien. Das Gas könnte theoretisch in Tanks lagern und erst dann in Strom verwandelt werden, wenn ein Engpass im Netz droht, beispielsweise an trüben und windstillen Wintertagen. Dadurch würde der Strompreis auch an der Börse weniger schwanken: In Spitzenzeiten könnte das Angebot gezielt verknappt, in Zeiten von schwachem Wind- und Solarstrom erhöht werden. In der Praxis speichert allerdings kaum ein Betreiber das Pflanzengas – weil das Subventionssystem ihm dafür nicht den geringsten Anreiz bietet. Denn auch ein Gasproduzent erhält dank EEG einen Garantiepreis für seinen Strom, völlig unabhängig davon, ob er ihn gerade in Zeiten hoher oder niedriger Nachfrage ins Netz schickt. Der feste Preis, den der Biostromer kassiert, hängt nur von der Anlagengröße ab. Warum sollte er also in kostspielige Gasspeicher investieren, für die ihn das EEG-System nicht zusätzlich honoriert?

Für unser Modell des neufundländischen Pinots hieße das: In den größten Gewächshäusern wüchsen nicht nur die magersten Trauben, sondern es mangelte außerdem noch an Weintanks und Transportfahrzeugen; ein Gutteil des Weins würde also gar nicht gekeltert oder gleich in den Gully gekippt. Selbst wenn die Regierung also an der Idee festhielte, Kanada zum Weißwein-Selbstversorger zu subventionieren: Ihr würde dämmern, dass ihr gesamtes Fördersystem in die Irre läuft.

Mit der Milliardenförderung des EEG – im Jahr 2013 20,6 Milliarden Euro – haben die deutschen Gesetzgeber einen gewaltigen goldenen Zügel geschaffen, der allerdings so gut wie gar nicht lenkt. Der Mechanismus fördert nichts als den reinen Zubau, ohne nach Wirtschaftlichkeit zu fragen, ohne sich darum zu kümmern, ob die Energie überhaupt zu den Verbrauchern gelangt oder sich speichern lässt. Und vor allem: ohne die Produzenten der erneuerbaren Energien unter Druck zu setzen, auf dass sie selbst Lösungen für die angerichteten Probleme finden.

Mehr noch, der Subventionsmechanismus steht auch systematisch intelligenteren Lösungen im Weg. Gäbe es für Ökostromproduzenten nur eine feste Prämie auf den schwankenden Börsenpreis, dann hätten sie schon 13 Jahre lang unter dem Zwang gestanden, massiv in Speicherlösungen zu investieren.

Propagandisten der deutschen Energiewende wie die Forscherin Claudia Kemfert vom Deutschen Institut für Wirtschaftsforschung (DIW) predigen in den Fernsehstudios dieser Republik mit Leichenbittermiene, am Umverteilungssystem des EEG dürfe um Himmels Willen nichts verändert werden, sonst würden Grünstrom-Investoren „verunsichert". Aber die deutschen Fahrzeug- und Maschinenproduzenten beweisen, dass gerade existenzielle Unsicherheit schlank, effizient und erfinderisch macht. Und ein Rundumsorglos-Subventionsgesetz, das demonstriert die Ökostrombranche, führt zur Verfettung, zur Selbstzufriedenheit und zur Wehleidigkeit. Kaum schlägt jemand vor, die Subventionen auch nur moderat zu kürzen, setzt ein Barmen und Klagen der Branchenvertreter ein: Ein paar Euro weniger, beteuern sie, bedeute den „Todesstoß" für sie.

Wer sich in diese Absurditäten vertieft, stellt unweigerlich die Frage: Aber wieso sollte denn jemand wollen, dass es schlecht funktioniert? Ineffizienz entsteht fast nirgends deshalb, weil sie geplant würde. Sie kann aber sehr wohl in das ganze System eingeschrieben sein. Das lässt sich mit dem Gedankenspiel des Weins in Kanada zeigen – oder mit einer Erzählung, die Generationen von Volkswirtschaftlern benutzen, um ihren Studenten zu demonstrieren, wie sich Absichten in ihr Gegenteil verkehren können.

In einer Provinz Britisch-Indiens herrschte im neunzehnten Jahrhundert eine lästige Schlangenplage. Der Gouverneur beschloss, die Schlangen zu bekämpfen, indem er eine Prämie von ein paar Rupien für jede Schlange aussetzte, die ihm tot gebracht wird. Die Bauern begriffen sehr schnell, dass sie hervorragend Geld verdienen konnten, indem sie Schlangen in improvisierten Farmen züchteten. Tote Zuchtschlangen gegen eine Prämie abzuliefern kostete deutlich weniger Mühe, als mühsam Schlangen in Wald und Feld zu fangen. Und die Prämie für eine tote Schlange übertraf die Futterkosten allemal. Der Gouverneur leerte also seine Kasse, ohne die Zahl der Schädlinge draußen zu senken. Irgendwann begriff er den Unsinn seiner Idee und stellte die Prämienzahlungen ein. Daraufhin jagten die Bauern ihre Schlangen davon, denn es lohnte sich nicht mehr, die Kreaturen zu füttern. Am Ende des famosen Plans krochen also mehr Reptilien durch die Provinz als je zuvor, obwohl weder der Gouverneur noch die Bauern die Absicht gehabt hatten, die Zahl der Plagegeister zu steigern.

Aus Sicht des Gouverneurs handelte sich es natürlich um einen phänomenalen Reinfall. Aus Sicht eines Bauern mit dem vorübergehenden Nebenerwerb als Schlangenzüchter verlief das Programm allerdings ungemein erfolgreich;

möglicherweise konnte er von den Einnahmen eine neue Hütte finanzieren.

Ineffizienz kann also sehr wohl in ein System eingebettet sein, obwohl niemand sie plant. Aber sie betrifft fast immer nur einige, während irgendeiner von ihr profitiert.

Hätte sich diese Geschichte im Deutschland der Gegenwart zugetragen, dann wären die Schlangenfarmer wahrscheinlich mit Trillerpfeifen und Transparenten vors Kanzleramt gezogen: „Hände weg von unserem Geld! Stoppt die Schlangenfreunde!"

Dabei gäbe es durchaus die technischen Mittel, um die Energiewende besser zu organisieren. Trotz des notorischen Desinteresses der Grünstromproduzenten an Speichern forschen Wissenschaftler des Helmholtz-Zentrums Berlin und der Technischen Universität Delft seit Jahren an einer Technologie, um in einer Solarzelle unmittelbar Wasserstoff zu erzeugen. Die Methode klingt einfach: Der Solarstrom wird verwendet, um Wasser per Elektrolyse in seine Bestandteile Wasserstoff und Sauerstoff zu spalten. Der Wasserstoff lässt sich speichern und später bei Bedarf in Strom verwandeln. Das Ganze funktioniert gewissermaßen – den Pflanzen abgeschaut – wie eine künstliche Photosynthese.[7] Das praktische Problem liegt im Wirkungsgrad: Die Labor-Prototypen der Berliner und Delfter Forscher speichern gerade einmal fünf Prozent der Sonnenenergie in Wasserstoff. Bei der Rückverstromung würde

[7] in Nature Communications 4, Ausgabe vom 29. Juli 2013

diese magere Quote noch einmal sinken. Für eine industrielle Anwendung müsste die Ausbeute drastisch höher liegen.

Aber dürfen wir an dieser Stelle nicht ein bisschen spekulie-ren? Wenn die Bundesregierung seit dem Jahr 2000 nur einen kleinen Teil der mehr als 100 Milliarden Euro Solarstromsubventionen in genau diese Forschung gesteckt hätte – sagen wir, zehn Prozent –, könnten wir dann nicht schon heute die künstliche Photosynthese im großen Maßstab verwenden?

Und wenn diese intelligente Technologie in zehn oder fünfzehn Jahren endlich ausgereift ist, dann stünde unser Land voller Windmühlen und Solarparks, die nur erratisch Strom produzieren. Kurzum, es wäre zugepflastert mit der teuer erkauften Technik von gestern. Ein Dauerargument von Kemfert und den Ökostrom-Lobbyverbänden lautet: Je schneller wir die schiere Menge der herbeisubventionierten Windräder, Solarpanels und Gastanks vorantreiben, desto billiger bekommen wir unter dem Strich den Energieerzeugungs-Wandel, die große Transformation.

Es könnte sich herausstellen, dass genau das Gegenteil zutrifft.

Zurzeit kostet die Herstellung von Solarenergie in Deutschland 14,9 Cent pro Kilowattstunde. Die Systeme werden immer billiger und leistungsstärker; schon in weniger Jahren dürften die Kosten in der Nähe von zehn Cent liegen. Länder, die erst dann im großen Stil Solarenergie einführten, kämen praktisch ohne Subventionen aus, vor allem, wenn sie südlich von Deutschland liegen. Und selbst im kühlen Deutschland hätte ein Solarboom nur ein Bruchteil der tatsächlichen

Subventionen gekostet, wenn er einfach zehn Jahre später begonnen worden wäre. Die immer wieder gelobte deutsche Vorreiterrolle bringt überhaupt keinen volkswirtschaftlichen Vorteil – weder für die Stromkunden noch für die Solarindustrie, die trotz der Milliardenumverteilung dahinsiecht. Im Gegenteil: „In der Photovoltaik“, so stellt der Präsident des Bundeskartellamtes Andreas Mundt fest, „hat Deutschland die Lernkurve der ganzen Welt bezahlt“. Das Leben bestraft eben bisweilen auch diejenigen, die zu früh gekommen sind, allerdings sehr ungleichmäßig. Die Bestraften – das sind vor allem die Stromzahler. Von der Ineffizienz des Ganzen profitieren die rundum abgesicherten Solarinvestoren – und zwar vor ausgerechnet diejenigen, die ihr Geld schon vor Jahren in eine teure und aus heutiger Sicht uralte Technik gesteckt haben. Sie kassieren auch heute noch die mit Abstand höchsten Subventionen pro Kilowattstunde.

3 – NATUR STÖRT WELTRETTUNG

Wie die Energiewende ruiniert, was sie zu schützen vorgibt

Harry Neumann gehört zu den Umweltbewegten, die eigentlich kein politisches Programm bräuchten. Der pensionierte Schuldirektor wirkt etwas jünger als 61, er strahlt Gelassenheit aus, die Natur im Westerwald und im mittleren Rheintal kennt der begeisterte Wanderer bestens. Manchmal verlässt er die einheimischen Höhenzüge, um in Asien auf Siebentausender zu klettern. Für Neumann gehören grünes Bewusstsein und Natur zusammen. Wer meint, das eine gäbe es gar nicht ohne das andere, der kennt die neuen Debattenfronten schlecht. Denn Neumann sitzt dem Bund für Umwelt und Naturschutz (BUND) in Rheinland-Pfalz vor, und als Umweltlobbyist legt er sich immer häufiger mit der grünen Landeswirtschaftsministerin Eveline Lemke an. Die Grünenpolitikerin amtiert gleichzeitig als stellvertretende Ministerpräsidentin in Rheinland-Pfalz, sie besitzt außerdem die Zuständigkeiten für „Klimaschutz, Energie und Raumplanung". Aus ihrer Sicht die ideale Kombination, denn Lemke verfolgt eine klare Agenda. Und die lautet: Bis 2030 soll sich Rheinland-Pfalz rein rechnerisch komplett aus Grünstrom-Quellen versorgen. Weder für das Prozentziel noch die Jahreszahl gibt es objektive Gründe. Erst recht nicht angesichts der Tatsache, dass Länder wie Schleswig-Holstein und Niedersachsen schon jetzt Windenergie weit über ihren eigenen Bedarf erzeugen und kaum wissen, wohin sie den Strom schicken sollen. Rheinland-Pfalz verzeichnet außerdem neben dem Saarland den schwächsten Windertrag in ganz Deutschland. Bei den Plänen der Ministerin handelt es sich also um so genannte politische Ziele.

Um ihre grüne Autarkie zu erreichen, will Eveline Lemke die Leistung der Windmühlen im Land bis 2030 verfünffachen. Schon jetzt drehen sich dort rund 1 300 Rotoren. Viele Bewohner des Rheintals und des Westerwalds finden, das sei schon genug. Lemke meint, das könnte nur der Anfang einer großen Transformation sein: „Der Umbauprozess ist groß und verlangt allen Beteiligten viel ab". Die Ministerin versichert der zweifelnden Gemeinde, es komme schon nicht so schlimm: Nicht überall sei ein Neubau von Windturbinen nötig, etliche kleinere Rotoren könnten durch leistungsfähigere 200-Meter-Drehflügler ersetzt werden, die höher als der Kölner Dom in die Landschaft ragen und die Landschaft auf Kilometer dominieren. Dieses so genannte Repowering gilt als die mildeste Variante des Energieumbaus. Und bei den unvermeidlichen Rotor-Neubauten würde natürlich auf den Naturschutz geachtet – jedenfalls dort, wo es sich einrichten lässt. Möglicherweise sitzt ein berühmter Satz von Hegel tief in den Köpfen Lemkes und anderer dialektisch geschulter Grüner: „Ein großes weltgeschichtliches Individuum muss manche unschuldige Blume zertreten, manches zertrümmern auf seinem Wege." Als weltgeschichtliches Individuum tritt hier die Energiewende selbst auf – als große Transformation, die das Gesicht des Landes verändert, und zwar buchstäblich. Im Soonwald im Rhein-Hunsrück-Kreis lässt sich schon einmal beispielhaft besichtigen, welche Umgestaltungen demnächst auch dem Schwarz- und Taunuswald, dem Mittelrheintal und dem Naturpark Bayerischer Wald bevorstehen. Im Jahr 2012 begann der Kahlschlag für die ersten acht Windräder, die bis zur Rotorenspitze 200 Meter messen. Pro Windrad holzten die Bauarbeiter 8000 Quadratmeter Wald ab. Nicht nur die Turbinen selbst brauchen viel Platz; irgendwie mussten ja auch die Schwerlasttransporter für die Kräne und die Bauteile ins Gehölz kommen. Die schmalen Waldwege verwandelten sich folglich in breite befestigte Schotterstraßen. Im Soonwald lebt die seltene und außerordentlich scheue Wildkatze, in dem Forst schwirrten jedenfalls vor Baubeginn 14 verschiedene Fledermausarten. Kein Problem, beteuert der Windparkbetreiber, die Firma Juwi: die Tiere kämen schon zurecht. Harry Neumann fuhr während der Bauarbeiten oft in den Soonwald, er fotografierte die riesigen Schneisen, die abgeholzten Flächen für die Windräder. Er dokumentierte mit seiner Kamera die Verwandlung des Waldes in ein Industrierevier. Dabei handelt es sich nur um eine erste Etappe. Im Rhein-Hunsrück-Kreis drehen sich jetzt schon 150 Rotoren. Trotzdem sollen noch eine Menge neuer Großanlagen entstehen, auch im Soonwald.

Die Bilder vom Soonwald trieben Neumann dazu, wenigstens an einigen ausgewählten Orten große Transformation aufzuhalten. Zwischen Protagonisten wie ihm und Eveline

Lemke spielt sich ein zäher Kampf ab – zwischen Grünen des alten und des neuen Typs. Für beide Seiten geht es um alles. Manchmal kann Neumann eine Schlacht für sich entscheiden, etwa am Stegskopf im Westerwald. Dort gab die Bundeswehr einen Truppenübungsplatz auf, der schon seit dem Kaiserreich bestand; trotz der Ballerei – beziehungsweise gerade wegen der Abgeschlossenheit – siedeln auf der Anhöhe extrem seltene Tiere, unter anderem der Wespenbussard, die bedrohte Bekassine, die hier einige der letzten Brutplätze im Land besitzt, oder der vom Aussterben bedrohte Wachtelkönig. Dem Windkraftunternehmen Juwi schien der Stegsskopf ebenfalls als ideales Biotop: Für einen neuen Windpark mit 20 Rädern. Die Landesregierung gab prinzipiell ihren Segen. Eine Bürgerinitiative protestierte und sammelte Unterschriften. Und Harry Neumann kündigte an, der BUND Rheinland-Pfalz werde notfalls bis zum Europäischen Gerichtshof gegen den Windpark klagen. „Ich bin eigentlich ein auf Harmonie angelegter Mensch“, sagt der Naturschützer, „Aber es gibt Momente im Leben, da muss man sagen: hier ist eine absolute Grenze überschritten.“ Mit ihrem Druck setzten die Umweltorganisation und Bürgerinitiative durch, dass der Stegskopf nach dem Abzug der Bundeswehr dem Nationalen Kulturerbe zugeschlagen wurde.

An anderen Orten geht der Kampf weiter, jedes Mal mit offenem Ausgang. Auf dem Asberg im Siebengebirge, gleich neben der romantischen Burg Rolandseck, sollen 18 Windräder entstehen. Nicht nur im einem normalen Wald, sondern in einem Flora-Fauna-Habitat-Gebiet (FFH), einer EU-weit geltenden Schutzkategorie, die überall dort gilt, wo vom

Aussterben bedrohte Tiere leben. Auf dem Asberg, einem bewaldeten Basaltfelsen, lebt die seltene Gelbbauchunke, die geschützte Wildkatze; Rotmilan und Schwarzstorch kreisen hier. Die letzte Baumaßnahme an diesem Ort bestand in der Errichtung einer V1-Stellung im März 1945.

„Schauen Sie mal: da sollen sie hin", sagt Roland Kohler, und zeigt auf die grüne Erhebung neben der Burg Rolandseck. Wer auf der Aussichtsplattform neben dem Rolandsbogen steht, dem hundertfach gemalten und beschriebenen deutschen Romantiksymbol 105 Meter über dem Rhein, der wird ab 2015 den Windpark hoch oben auf der anderen Flussseite nicht übersehen können. Die 18 Turbinen sollen 198,5 Meter bis zur Rotorspitze messen. Und künftig das Panorama bestimmen. Auch hier wird die Energiewende mit der Kettensäge kommen. Hinter dem Windparkprojekt Asberg steckt noch nicht einmal privater Gewinnerzielungstrieb. Der Wald gehört der Gemeinde Erpel; die Bürgermeisterin hofft, mit Pachterträgen von 40 000 Euro pro Rad und Jahr ihren Haushalt sanieren zu können. Und auch die Gesellschafter des künftigen Windparkbetreibers mit dem anheimelnden Namen „Unsere Windenergie" (UWE) zählen zur öffentlichen Hand. Dass es sich um ein FFH-Gebiet handelt, beeindruckte weder Raumplanungsministerin Lemke noch die grüne Umweltressortchefin Ulrike Höfken . Im Zuge so genannter Einzelfallentscheidungen, heißt es, könne man dort durchaus bauen. Dem Kahlschlag für die „Ökoenergie" (UWE-Prospekt) steht also praktisch keiner mehr im Weg. Nur noch Roland Kohler und die Bürgerinitiative, zu der er gehört. Kohler, 74, trägt einen akkuraten silbergrauen Schnauzer, sein Kleidungsstil wirkt gediegen bürgerlich. „Was glauben Sie, in welcher Partei ich bin?“, fragt er. Und antwortet: „Ich bin Grüner. Seit 14 Jahren.“ Für ihn kommt ein Parteiaustritt nicht in Frage. Im Gegenteil, Kohler weiß, das etliche dort so denken wie er, auch wenn sie ihren Zorn nicht so laut äußern. Kohler sagt: “Es ist ein solcher Wahnsinn, was hier passiert.“ Der Riß verläuft inzwischen quer durch die Partei, so wie er auch mitten durch den BUND geht, in den manche Funktionäre so denken wie Harry Neumann, während andere in den Windparks eisern ein globales Weltrettungsunternehmen sehen wollen.

Aber wie kommt es überhaupt, dass die Weltretter zur Verwirklichung ihrer Pläne mit der Kettensäge antreten müssen? Ganz am Anfang, als die Energiewende noch überwiegend aus Studien, Plänen und Prognosen bestand, beruhigten Politiker die Bürger, als es um die Ausbaupläne ging: Für den Ausbau der Windenergie brauche man selbst in der finalen Stufe nicht mehr als zwei bis drei Prozent der Landesfläche – in ganz Deutschland ebenso wie in Rheinland-Pfalz oder oben im Windland Schleswig-Holstein. Niemand müsse um Wälder und idyllische Auen fürchten. Die Versicherung besitzt einen ähnlichen Wert wie die Zusage Angela Merkels aus dem Jahr 2011, die EEG-Umlage werde nicht über die damaligen 3,59 Cent steigen. Es steht nicht unbedingt Absicht hinter diesen Fehlkalkulationen. Sondern eher die Grundannahme, alles an er Energiewende werde grundsätzlich den kürzesten, effizientesten, billigsten und am wenigsten belastenden Weg nehmen.

Wenn laut Plan nur drei Prozent Deutschland gebraucht werden, warum müssen dann sogar Naturschutzgebiete dran glauben? Einfach deshalb, weil ein dichtbesiedeltes und intensiv genutztes Land wie die Bundesrepublik eben doch nicht über genügend konfliktfreien Boden verfügt, auf dem sich problemlos eine ganz neue Energieerzeugungsindustrie errichten ließe. Windräder können nur in Mindestabständen zu Häusern, Straßen und Hochspannungsleitungen errichtet werden (wobei die Windkraftlobby regelmäßig klagt, diese Abstände - maximal 2000 Meter - seien schon viel zu groß.) Im Umkreis von Flughäfen dürfen keine Rotoren gebaut werden, zu nah dürfen Turbinenparks auch nicht nebeneinander stehen – sie würden sich sonst gegenseitig den Wind wegnehmen. Und dann existieren bereits rund 24 000 Mühlen in Deutschland. Wer neue aufstellen will, befindet sich außerdem in einer Platzkonkurrenz mit Riesenmaisplantagen für Biogas-Produzenten und mit Solargroßkraftwerken, die ganze Felder einnehmen. Den Anhängern der Grünenergie scheint am Beginn ihrer Planungen nicht aufgefallen zu sein, dass sich alle ihre wichtigen Erzeugungsarten durch einen phänomenalen Flächenbedarf auszeichnen.

In der Vergangenheit und bisweilen sogar in der Gegenwart gehörte es überall in den grünen Ortsverbänden zum Brauch, bei jedem Umgehungsstraßenbau und jeder Planung für einen Parkplatz den Flächenverbrauch zu geißeln. Selbst alle neuen Autobahnprojekte zusammen nehmen sich schmal und bescheiden aus gegen die Fläche, die durch künftige Windparks okkupiert werden soll. Energiewendeminister Gabriel setzte zwar eine Förderungsbegrenzung für neue Windräder an Land durch, auf jährlich 2 500 Megawatt oder etwa 1000 Windräder. Doch damit läuft der Zubau nur etwas langsamer. Windräder liefern im günstigsten Fall rechnerisch nur in der Hälfte des Jahres ihre installierte Leistung ins Leitungsnetz, im windschwachen Süden der Republik oft nicht einmal in einem Achtel des Jahres. Nennenswerte Speichermöglichkeiten existieren nicht. Soll sich Deutschland bis 2025 tatsächlich zu 40 und irgendwann zu 80 Prozent aus Grünstrom versorgen, dann handelt es sich bei den vermeintlich endlosen Windfelder im Norden und die Kahlschlägen im Süden bestenfalls um erste zaghafte Vorboten. Nach einer Berechnung von Hans-Werner Sinn wären 6 800 Rotoren mit durchschnittlicher Leistung von 2,3 Megawatt nötig, um einen Kernkraftwerksblock von der Kapazität von Biblis I zu ersetzen. Nun gehen bis 2022 nicht nur neun Atomkraftwerke vom Netz, sondern auch etliche Gas- und Kohlekraftwerke – weil sie sich durch die niedrigen Börsenstrompreise nicht mehr rechnen. Mindestens eine Verdreifachung der jetzigen Windkraftkapazität wäre deshalb nötig, um die Energie-Planziele der Bundesregierung zu erreichen. Auch wenn die Installation nicht durchweg an Land erfolgt, sondern auch auf See (und auch dort mit erheblichen Umweltschäden): Im Jahr 2030 dürfte es dann in Deutschland nur noch wenige unberührte Naturräume geben. Jeder muss sich entscheiden, ob er Naturschutz wünscht oder den Umbau des Energiesystems nach den Vorstellungen der Windkraft- , Biogas- und Solarlobby. Beides zusammen geht nicht.

Der grüne Oberbürgermeister von Tübingen Boris Palmer gehört zu denen, die das auch ehrlich sagen: „Ohne Windkraft im Wald gibt es keine Energiewende."
Standorte für Windräder wählt niemand in einer Berliner Zentrale nach der Maßgabe aus, die Natur möglichst zu schonen. Sondern Rotoren entstehen dort, wo jemand Windkraftinvestoren Platz dafür bietet. Auf den Grundstücksmarkt drängen viele, die sich aus dem prall gefüllten Topf der Windstrom-Subventionen bedienen wollen. Die Pacht pro Windrad und Jahr liegt deshalb je nach Ertrag im Norden bei bis zu 100 000, im Süden immerhin noch bei 40 000 Euro. Wer also Rotoren in seinen Wald stellt, der verdient bei weitem mehr, als er selbst mit geschicktester Waldwirtschaft herausholen könnte. Außerdem fließen die Einnahmen ohne eigene Arbeit und garantiert über 20 Jahre. Unter diesen Umständen bieten viele Eigentümer, ob öffentlich oder privat, ihren Forst zur Verspargelung an. Mit dem Segen der grünen Parteiführung geschieht genau das, wogegen die frühen Grünen und die großen Umweltverbände einmal zu Recht gekämpft hatten: Geld bestimmt, ob die Natur bleiben darf oder planiert wird.

An dieser Stelle sollte ein permanentes und von etlichen auch gewolltes Missverständnis aufgeklärt werden. Wer Windräder in romantischen Mittelgebirgen oder landschaftstötende Maisplantagen ablehnt, der muss sich regelmäßig den Vorwurf gefallen lassen: „Und Atomkraftwerke finden Sie wohl schön?" Für Kernkraft gibt es in diesem Land tatsächlich keine Unterstützung. Eine Mehrheit in der Bevölkerung begrüßt den Ausstieg. Aber daraus folgt eben nicht, dass der Ausstieg auf diese Weise stattfinden muss, mit zehntausenden rücksichtslos in die Landschaft gestellten Energieanlagen vom bayerischen Wald bis zum Wattenmeer. Dass die einschlägigen Interessenverbände den Deutschen einreden, wer Ja zum Atomausstieg sage, könne gar nicht anders, als auch Ja zu ihrer Energieplanwirtschaft zu sagen – das dürfte einmal als genialster Propagandacoup des 21. Jahrhunderts in die neuere Geschichte eingehen.

Denn der Strom, den die schon abgeschalteten Atomkraftwerke lieferten und die noch aktiven liefern, ließe sich mühelos durch Gaskraftwerke ersetzen. Das Erdgas dafür müssten die Deutschen noch nicht einmal unbedingt aus Russland beziehen. Vor der norwegischen, englischen und schottischen Küste lagern reiche Gasvorkommen. In Deutschland selbst ließe sich mit geeigneten Methoden wesentlich mehr Erdgas fördern. Der Flüssiggasmarkt funktioniert ohnehin international. Mittlerweile lässt sich das komprimierte Gas effizient verschiffen. Moderne Gaskraftwerke vereinen einen hohen Wirkungsgrad mit einem niedrigen Schadstoffausstoß. Würde der Strommarkt nicht mit subventioniertem Grünstrom geflutete, dann läge der Börsenstrompreis auch etwas höher, und Energieversorger könnten Gaskraftwerke auch wieder profitabel betreiben. Um noch einem weiteren Argument zu begegnen: Nein, die Formel Gas statt Atom würde nicht nur den großen Energiekonzernen nutzen. Gaskraftwerke können auch von Stadtwerken und kleineren Investoren bewirtschaftet werden.

Historisch existiert ohnehin kein Zusammenhang zwischen dem großsubventionierten Ökostrom und dem beschleunigten Atomausstieg. Das erneuerbare-Energien-Gesetz trat bekanntlich am 1. April 2000 in Kraft, 11 Jahre vor Fukushima (siehe „Die große Illusion“).

Wer aus wirtschaftlichen Gründen ganze Naturräume mit industriellem Gerät vollstellen will, der muss natürlich einen höheren Zweck bemühen. Der Atomausstieg eignet sich, siehe oben, nicht dazu. Deshalb nennen die Grünstrombegeisterten meist noch einen zweiten: Die Bekämpfung des Kohlendioxidausstoßes und damit der globalen Erwärmung. Grundsätzlich teilt sich hier das Feld: skeptische Beobachter der Debatte stellen fest, dass die globale Durchschnittstemperatur seit 16 Jahren praktisch stagniert, dass der Meeresspiegel nur minimal steigt und weder Hurricanes noch Sturmfluten häufiger vorkommen als in der Vergangenheit. Wer allerdings Kohlendioxid für den Schlüssel des Weltklimas hält, den müsste wiederum nachdenklich machen, dass der CO_2-Ausstoß in Deutschland trotz des massiven Ökostromausbaus steigt und nicht sinkt.

Wie sollte er auch sinken? Der Grünstromsektor verdrängt schließlich nicht den konventionellen Kraftwerkpark, sondern bildet ein zweites Erzeugungssystem neben dem ersten. Schließlich muss ja jemand Strom liefern, wenn Flaute herrscht und die Sonne nicht scheint. Da die Grünstrommengen den Börsenpreis drücken und Gaskraftwerke unwirtschaftlich machen, verbrennen Braunkohlekraftwerke zurzeit sogar mehr von ihrem CO_2-haltigen Stoff als früher (siehe „Das CO_2-Paradox“). Nur Atomkraftwerke gehen tatsächlich durch eine politische Entscheidung vom Netz – aber die produzieren kein Kohlendioxid.

Welches Argument auch immer benutzt wird: Nie diente der massive Ausbau der Ökoenergie irgendeinem übergeordneten gesellschaftlichen Ziel. Sondern es verhielt sich immer umgekehrt – jede willkommene Begründung diente dazu, den Ausbau voranzutreiben. Ihre eigentliche Kraft bezieht die Energiewende aus einer ganz profanen Tatsache: Nämlich daraus, dass diese große Transformation mehr Geld auf die Konten einer kleinen Gruppe spült als jede andere politische Entscheidung in der Bundesrepublik.

Die Mehrzahl der Deutschen besitzt auch im 21. Jahrhundert noch so etwas wie eine romantische Grundierung. Angenommen, über das Land bräche eine Katastrophe herein, die sie nur abwenden könnten, indem sie massenhaft Wälder und intakte Landschaften opfern – dann würden sie das möglicherweise widerwillig hinnehmen. Aber für den Kahlschlag, der überall stattfindet oder demnächst stattfinden soll, im Hunsrück und in der Eifel, im Pfälzer Wald und im Schwarzwald, im Taunus und in den bayerischen Wäldern, für diese bisher beispiellose Naturverdrängung gibt es keine gebieterische Notlage, es existieren keine übergeordneten Gründe für ein Kettensägenmassaker in Wäldern.

Trotzdem schreitet diese Verdrängung voran: Systematisch geplant, geordnet, methodisch. Im Landesnaturschutzgesetz von Rheinland-Pfalz nahm die rot-grüne Landesregierung 2013 eine einschneidende Veränderung vor: Werden Flächen gerodet, unterbleibt nach der Neufassung der Paragrafen in der Regel eine Ersatzaufforstung an anderer Stelle. Offizielle Begründung der grünen Umweltministerin Ulrike Höfken:

Das Land Rheinland-Pfalz sei ohnehin zu waldreich, dafür fehle es an Grünland. Allerdings empfehlen und verplanen die geschmeidigen Regierungsrhetoriker auch genau dieses Grünland für Windkraftanlagen und Biogas-Pflanzen. Früher klangen grüne Schlachtrufe zuweilen schlicht, aber immerhin klar: Erst stirbt der Wald, dann stirbt der Mensch. Die grün-technologische Parole von heute verlangt erheblich mehr Aufmerksamkeit und Dialektik: Abholzen von Bäumen für Windräder ist schädlich – nicht für den Wald selbstverständlich und die darin lebenden Tiere, aber für die Wiesen, die unter der Ersatzaufforstung leiden. Unterbleibt auch diese Ersatzaufforstung, dann ist die Ökologie offenbar wieder im Lot und das grüne Gewissen sediert.

Moderne Grüne nehmen Wald inzwischen vor allem als Bewuchs wahr, der die Installation neuer Windräder behindert.

Nicht nur Wälder kommen durch die Energiewende buchstäblich unter die Räder, sondern auch die Fauna. Vor allem Vögel und Fledermäuse. Tobias Dürr weiß nicht, wie oft er schon den Satz gehört hat: „Ich hab' noch nie einen toten Vogel unter einem Windrad gesehen." Seine Standardantwort darauf lautet: „Ja, weil Sie nie dorthin gehen, wo ich hingehe." Dürr arbeitet für die staatliche Vogelwarte im brandenburgischen Buckow. Wanderungen zu Windrädern in der Mark Brandenburg gehören zu seinem Beruf. Wenn er einen erschlagenen Greifvogel oder einen tote Fledermaus findet, notiert er Ort und Datum. Er fotografiert auch Kadaver. Bei Dürr melden sich außerdem Förster, Ornithologen oder Wanderer aus ganz Deutschland, die geschredderte Vögel und Fledermäuse unter

Rotoren finden. Die Natur beseitigt Kadaver in freiem Gelände normalerweise sehr schnell, oft innerhalb von Stunden. Deshalb stellt Dürrs Opferliste keine wirkliche Übersicht dar, sondern eher einen groben Anhaltspunkt dafür, wo die Schäden mindestens liegen. Aus seinen Zahlen lässt sich problemlos lesen, dass es unter den Vögeln den Roten Milan und unter den Flugsäugern den Großen Abendsegler besonders häufig erwischt. Der Ornithologe Jochen Bellebaum untersuchte genauer, wie sich die mittlerweile rund 3000 Windräder in Brandenburg auf den Bestand des Rotmilans auswirken. Noch kommt Milvus milvus in Deutschland insgesamt häufig vor: hier brütet ungefähr die Hälfte des Weltbestandes. Nach seiner Untersuchung von Kadaverfunden und entsprechenden Hochrechnungen prognostiziert Bellebaum für Brandenburg: „Der Ausbau der Windkraft hat möglicherweise schon in naher Zukunft Auswirkungen auf den Brutbestand des Rotmilans. Langfristig wird die Art im gesamten Verbreitungsgebiet von der Windkraftnutzung betroffen sein.“ Nach einer Studie im Auftrag des brandenburgischen Landesamtes für Umweltaus dem Jahr 2013 erschlagen Rotorflügel allein in dem östlichen Bundesland etwa 300 Rotmilane, Tendenz steigend.

Hermann Hötker vom Michael-Otto-Institut gehört zu den wenigen Wissenschaftlern, die Daten über Windräder und getötete Vögel auf ganz Deutschland hochrechneten. Er geht von durchschnittlich 6,9 geschredderten Vögeln und 13, 3 getöteten Fledermäusen pro Windrad und Jahr aus. Bei insgesamt rund 24 000 Windrädern summiert sich die Tötung auf jährlich 165 600 Vögel und 319 200 Fledermäuse.

Die Verluste dürften in Zukunft stark zunehmen: Denn neben dem Bau neuer Windkraftanlagen fördert der Staat das so genannte Repowering, das Ersetzen kleinerer Windräder durch große. Die 200-Meter-Giganten stoßen in die Zugrouten großer Greifvögel vor, und sie erzeugen mit großer Effizienz den Unterdruck, der die Lungen von Fledermäusen platzen lässt.

Auch der beschleunigte Ausbau von Windparks in der Nordsee zerstört Lebensraum – die Reviere, in denen Schweinswale ihre Jungen zur Welt bringen. Gegen den ausdrücklichen Rat von Umweltexperten wies Jürgen Trittin als Bundesumweltminister seinerzeit auch sensible Gebiete als Standorte künftiger Großplattformen aus.

Die Energiewende befindet sich erst ganz am Anfang; gestutzte Wälder, erschlagene Vögel und großflächig vermaiste Landschaften stellt also nicht mehr als das Präludium eines tiefen Umbruchs dar. Wie reagieren die Eliten und die Bürger, die Medien und die Umweltverbände auf diesen tiefen Einschnitt? Es ist sehr bemerkenswert, wie radikal sich die Wahrnehmung unterscheiden, je nach dem, wie nah sich jemand am Problem befindet. Beziehungsweise, wie weit oben oder unten er in der Meinungshierarchie rangiert. Auf der einen Seite engagieren sich mittlerweile Zehntausende in lokalen Bürgerinitiativen gegen Windparkprojekte. Nicht selten stammen ihre Aktivisten aus der Basis der Grünen oder aus Naturschutzverbänden. Aber viele erfahren auch erst durch das Vorrücken der Rotoren ihre Politisierung: Sie interessierten sich vorher wenig oder nicht für Windparks, hielten die

Energiewende meist vage für eine gute Sache, und beginnen erst nachzulesen und zu recherchieren, wenn plötzlich die Sägetrupps, Tieflader und Kräne in ihrer Heimat anrücken.

Auf der anderen Seite erfahren diese Initiativen alle zusammen in den bundesweiten Medien erheblich weniger Aufmerksamkeit als die Demonstranten gegen Stuttgart 21, die sich über die Opferung von einigen dutzend Bäumen im Schlosspark empörten. Andere Nachrichten scheinen an eine Art unsichtbare Grenze zu stoßen: Umweltaktivisten recherchieren bundesweit Fälle, in denen in Windkraft-Planungsgebieten über Nacht die Horste geschützter Vögel verschwinden, zuweilen sogar der gesamte Horstbaum – so etwa im Westerwald, bei Bad Kissingen in Franken und anderswo. In lokalen Blättern oder Sendefenstern spielen diese Straftaten durchaus eine Rolle. Überregionale Medien interessieren sich dafür kaum.

Es scheint so etwas wie eine undurchdringliche Grenze zwischen der einen und der anderen Seite zu existieren, eine Mauer, die an Stephen Kings gläserne Trennwand in „The Dome" erinnert. Natürlich wissen führende Politiker, die Chefs von Umweltverbänden wie auch die meisten Journalisten, dass sich die Grünstromausbreitung nicht durchsetzen lässt, wenn gleichzeitig die alten Umweltstandards der Siebziger und Achtziger weiter gelten. Zum anderen können sie schlecht öffentlich erklären, der Naturschutz müsse eben in Zeiten der Energiewende geopfert werden. Damit wären sie zwar ehrlich, würden aber auch die Axt an die eigenen Traditionswurzeln legen. Also tun sie etwas Drittes: sie leugnen den offensichtlichen Konflikt. So erklärte der damalige Bundesumweltminister Jürgen Trittin 2005:

„Bei den Brutvogelarten gibt es keinen statistisch signifikanten Nachweis, dass Windräder negative Auswirkungen hätten.“ Damit nahm er auf dialektische Weise gleich Einwände vorweg: Sollte es doch gegenteilige Zahlen geben, dann fehlt ihnen eben die statistische Signifikanz.

Ganz ähnlich sah es sein Nachfolger Norbert Röttgen, dem die Sympathie für die grüne Sache über alles ging. In einer Agenturmeldung von 2011 heißt es:

„Das Haus von Bundesumweltminister Norbert Röttgen hingegen sieht die Sorgen der Naturschützer entkräftet. Höhe, Mastgestaltung und Anzahl der Windräder seien für Greifvögel bisher anscheinend keine erhebliche Gefahr.“

Bisher. Anscheinend. Nicht erheblich.

Erstaunlicherweise – beziehungsweise nicht erstaunlicherweise – ähneln diese ministeriellen Entwarnungsmeldungen fast bis ins Detail den Erklärungen, die Peter Ahmels als Präsident der einschlägigen Lobbyorganisation Bundesverband WindEnergie zu dem Thema abgibt:

"Windenergieanlagen haben praktisch keine negativen Auswirkungen auf die Bestandsentwicklung von Vögeln, wenn sie umsichtig aufgestellt werden.“ Vogelschlag komme in Deutschland nur vereinzelt vor, meinte Ahmels. Mit Hochrechnungen wären es "etwa 1000 verunglückte Vögel" jährlich im Bundesgebiet. "Aus Schätzungen des BUND wissen wir, dass jährlich etwa fünf bis zehn Millionen Vögel an Freilandleitungen verenden, noch mal die gleiche Zahl wird durch den Verkehr getötet." Daher sei die Zahl der Totschlagopfer an Windrädern "vernachlässigbar klein".

Wie der Windverbandspräsident auf eine Schätzung von nur 1000 toten Vögeln im Jahr kommt – weit weniger als ein Prozent der Zahl, die das Otto-Institut veranschlagt – das verrät er nicht. Ahmels Wortmeldung besitzt etwa die gleiche Seriosität, mit der auch ein Verbandsvorsitzender der Zigarettenindustrie feststellen könnte, ihm persönlich seien nur ein paar dutzend Lungenkrebsfälle bekannt, außerdem kämen viel mehr Menschen durch Bluthochdruck oder Haushaltsunfälle ums Leben. Die Besonderheit in Deutschland liegt darin, dass sowohl Ministerien als auch Medien derartiges Lobbygetrommel praktisch kritikfrei nachbeten. Denn es dient ja der guten Sache.

Wer sich als Wendeplaner erst einmal dem übergroßen Ziel verpflichtet fühlt, Deutschland mit Grünenergieanlagen zu überziehen, der muss die Natur irgendwann zwangsläufig als Hindernis erkennen. Und die Menschen, die diese Natur verteidigen, erst Recht.

Baden-Württembergs Umweltminister Franz Untersteller geht als erster Grünenpolitiker in die Geschichte ein, der den Kahlschlag von Wäldern zum Programm erhebt.

Schon 2012 verkündete er in einem Interview mit der „Wirtschaftswoche“:

> *„Die neue Generation der Windräder ist 140 Meter hoch, die können sie auch in Gebieten aufstellen, die bislang für Windkraft kaum nutzbar waren.“*
> Wirtschaftswoche: Zum Beispiel?
> Untersteller: *„Im Wald. 30 Prozent des Waldes in Baden-Württemberg sind in Landesbesitz. Wir werden als Regierung einen eigenen Beitrag zur Energiewende leisten und Windparks in Waldgebieten fern von Wohnbebauung errichten. Erste Planungen und Gespräche mit der Forstverwaltung laufen.“* [8]

Auf den Höhenlagen des Schwarzwalds wehe der Wind besonders gut, so der Minister, deshalb müssten dort auch vergleichsweise die meisten Bäume weg. Die Natur, die Waldtieren, die Vögel, dort brüten – etliche davon theoretisch durch die Rote Liste geschützt – das alles gerät für die Anhänger der großen Transformation zur Fußnote, mit der sich ein Weltretter beim besten Willen nicht auch noch befassen kann.

Leider handelt es sich nicht um Fußnoten. Sondern um gigantische Trampelspuren. Bis 2020 wünscht sich Untersteller 1000 neue Windräder in Baden-Württemberg, wozu auch immer – denn die Küstenländer produzieren jetzt schon

---

[8] Wirtschaftswoche vom 16. 7. 2012

riesige Windstromüberschüsse. Würden nur zehn Prozent dieser neuen Rotoren im Ländle im Wald entstehen, dann liefe das auf einen Kahlschlag von 800 000 bis einer Million Quadratmetern Wald hinaus. Auf diese Weise opfern die gründrapierten Technokraten genau das, was sie den Wahlbürgern als Schlüsselbegriff der Energiewende anpreisen: Nachhaltigkeit. Bei der inflationär zitierten Wendung handelt es sich weder um einen modernen noch einen ideologischen Begriff. Das Wort prägte der sächsische Forstwirtschaftler Hans Carl von Carlowitz 1713 in seinem Buch „Silvicultura oeconomica, oder haußwirthliche Nachricht und naturmäßige Anweisung zur zur wilden Baum-Zucht". Der in seiner Zeit brillante Wissenschaftler versuchte nicht die Natur vor den Menschen zu schützen. Ihm ging es darum, den Wald möglichst ökonomisch zu nutzen. Also empfahl er „eine coninuirliche beständige und nachhaltende Nutzung" des wertvollen Wirtschaftgutes. Damit meinte er etwas sehr Einfaches: Forstbesitzer sollten immer nur so viel Holz schlagen, wie ihr Wald regenerieren kann, sie sollten nicht an den kurzfristigen Nutzen denken, sondern an den langfristigen. Aber damit pflanzte Carlowitz zum ersten Mal einen damals revolutionären Gedanken in die Gesellschaft: Die Menschen müssen auch auf die Bedürfnisse der Natur achten – in ihrem eigenen wirtschaftlichen Interesse. Der Ökonom aus dem Erzgebirge kann deshalb als legitimer Stammvater der Umweltbewegung gelten. Er hätte es als absurde Pointe empfunden, dass 300 Jahre nach seinem Tod führende Mitglieder einer selbst erklärten Umweltpartei die Natur abräumen – für ein ausschließlich ökonomisches Kalkül. Für ein Kalkül außerdem, das nur für wenige und sehr kurzfristig aufgeht. Es verdienen die Hersteller der Windräder, die Verpächter des Bodens, die Verkäufer von Windfondsanteilen und der Marketendertross von Windgutachtern, Beratern und Propagandisten. Gerade in den bergigen Schwachwindlagen des Schwarzwaldes oder im Westerwald, wo Rotoren oft kaum mehr als 1000 Vollaststunden im Jahr liefern, erwirtschaften jetzt schon viele Turbinen kaum ihre Kosten – trotz Subventionen. Viele Grünenergiegläubige, die in so genannte „Bürgerwindparks" oder Wertpapiere von mittlerweile kollabierten Unternehmen wie Windwärts und Prokon investierten, müssen feststellen, dass sie nicht nur den unverbauten Anblick von Naturlandschaften los sind, sondern auch noch ihre Ersparnisse. Und ohne Subventionierung über die volle Betriebszeit von 20 Jahren rechnet sich in den südlichen Wäldern selbst das modernste Windrad nicht. Die eigentlichen Kosten des grüngefärbten Terraforming zahlen folglich die Stromkunden.

Energiewendeminister Sigmar Gabriel meinte in kleinem Kreis über das Großunternehmen Grünstrom: „Für den Rest Europas sind wir ohnehin die Bekloppten." Trotzdem fahren weiterhin Kettensägentrupps in die Wälder, trotzdem verschwinden über Nacht Schwarzstorchhorste, um den Umweltämtern schon einmal vorbeugend die Einspruchsmöglichkeiten zu nehmen. Trotzdem rasseln die Propagandisten weiter Weltrettungsformeln und Plankennziffern herunter und entwickeln eine erstaunliche Rücksichtslosigkeit im Kampf gegen alle Kritiker. Die Publizistin Cora Stephan spottete über die Absurditäten der Energiewende, offenbar gelte hier der Grundsatz: deutsch sein heißt, eine Sache um ihrer selbst willen zu tun.

Dem baden-württembergischen SPD-Fraktionschef Claus Schmiedel etwa geht der Vormarsch der Rotoren noch viel zu langsam vorn. Schuld seien die vielen überflüssigen Naturschutzbedenken. „Investoren werden reihenweise gequält von untersten Naturschutzbehörden. Und die Regierung tut nichts", wütete Schmiedel in einem Brief an den grünen Ministerpräsidenten des Landes. Überall, wo Windparks entstehen sollten, entsetzte sich der SPD-Mann, gebe es „Stacheldrahtverhaue aus Bedenken und Ausschlussgründen".

Klaus Peter Murawski, grüner Staatskanzleichef in Baden-Württemberg, erklärte in dem Internet-Magazin Bahnprojekt Stuttgart-Ulm die neue Naturphilosophie seiner Partei so:

> *„Ich nehme an, dass dort (in einem Internetportal über bedrohte Tiere) auch der rote Milan gelistet ist, der neuerdings in Baden-Württemberg bevorzugt dort auftaucht, wo wir Windkraftanlagen bauen wollen. Mit dem haben wir im Land öfter zu tun. So, wie er zuletzt in Erscheinung getreten ist, wundert man sich fast ein bisschen, dass er vom Aussterben bedroht ist . . . Wenn ich jeweils ein Tier absolut setze, das ich irgendwo vorfinde, hinter dem dann wirklich große Themen wie die Energiewende zurückstehen müssen, wird das letztlich zu einseitig bewertet."* [9]

---

[9] Internetseite des Bahnprojekts Stuttgart-Ulm. http://www.bahnprojekt-stuttgart-ulm.de/dialog/interviews/klaus-peter-murawski/. Abgerufen am 25. 5. 2014

Diese quasi amtliche Sicht dürfte man auch in dem brandenburgischen Unternehmen „Energiequelle“ uneingeschränkt gutheißen. Der Sprecher des Unternehmens, das bei Kallinchen südlich von Berlin einen Großwindpark in einem Naherholungsgebiet errichten will, meinte, den geplanten Rotoren stehe dort ohnehin nur „minderwertiger Wald“ im Weg. In dem Zossener Forst leben über ein Dutzend geschützte Vogelarten, darunter Seeadler, Schwarzstorch und Wespenbussard. Die Bürgerinitiative „Freier Wald“ versucht mit ihren begrenzten Mitteln, den bevorstehenden Kahlschlag zu verhindern. Promt sieht sie sich als subversives Grüppchen in die Ecke gedrängt: Ein grüner Lokalpolitiker verlangte von der Initiative, sie sollte erst einmal beweisen, dass sie nicht NPD-unterwandert sei.

Die grüne rheinland-pfälzische Wirtschaftsministerin Eveline Lemke wiederum möchte vor allem die Schönheit der großen Naturbekämpfung würdigen. Touristen, meinte sie, würden künftig ins Land kommen, um 200 Meter hohe Windparks zu bestaunen.

Sie glaubt wirklich daran.

Wer die Grünen betrachtet, der stößt auf ein geradezu paradoxes Muster. Aufstieg und Popularität verdankt die Partei vor allem dem professionellen Angstmanagement: Vor dem Waldsterben (das dann doch nicht stattfand), vor Gentechnik (die bisher keinem schadet und in Gestalt von Vitamin-A-angereichertem Golden Rice Millionen vor der Flussblindheit retten könnte) und vor allem vor dem drohenden Hitzekollaps der Erde (obwohl sich die globale Durchschnittstemperatur seit 16 Jahren weigert, nennenswert zu steigen). Dort aber, wo jeder die Schäden mit bloßem Auge erkennen kann, wo Rotorenparks die Landschaft zerfressen, Windkraftfirmen Schneisen in Wälder schlagen, wo Milan und Schwarzstorch so nachhaltig geschreddert werden, dass ihre Bestände in manchen Gegenden zu kollabieren drohen – da reagieren führende Mitglieder der gleichen Partei wie Chemiemanager der sechziger Jahre nach einem Chlorunfall: Alles weit übertrieben, gar nichts passiert. Wer etwas anderes behauptet, stiftet nur Unruhe.

Selbst die Tatsache, dass viele Mitglieder ihrer eigenen Parteibasis eine wachsende Übelkeit spüren, irritiert die Führung bisher nicht ernsthaft.

Zu den Müttern der Ökologiebewegung gehörte die amerikanische Biologin Rachel Carson, die 1962 den Bestseller „Silent Spring" veröffentlichte. Darin beschrieb sie die tödlichen Folgen von Herbiziden und Pestiziden auf Vögel. Ihr Werk zählt bis heute zu den einflussreichsten Umweltsachbüchern. Würde ein zeitgenössischer Biologe analysieren, wie die Energiewende die Natur niederwalzt, dann wäre er in Augen der Spitzengrünen vermutlich ein Feind des Fortschritts. Ökologie dient der Partei nur noch als Duftnote, um ihr politisches Revier zu markieren. Zur Europawahl 2014 warben die Grünen mit einem Plakat, das den Slogan: „Atom aus, Natur an" zeigte – und einen Vogelschwarm.

4 – EIN WIRTSCHAFTS-WUNDER FÄLLT AUS

Warum keine Millionen grüner Jobs entstanden

Frank Asbeck, der Gründer des größten europäischen Solarkonzerns, gehört zu den Gewinnern. Sein Erfolg beruht darauf, von allen günstigen Positionen die beste auszumachen und sich umgehend dorthin zu begeben, kurzum, den idealen Moment abzupassen. Der 54-Jährige versucht gar nicht erst, seine Lust am eigenen Glück zu verbergen. Asbeck lebt in der Villa Cahn in Bad Godesberg; im Jahr 2012 kaufte er Thomas Gottschalk das Schloss Marienfels hoch über dem Rhein für fünf Millionen Euro ab. Das pausbäckige Gesicht des blonden, fülligen Chefs der Solarworld AG strahlt fast immer einen kindlichen Optimismus aus, außerdem so etwas wie Spielfreude. Einer ganzen Reihe seiner erlegten Füchse ließ der begeisterte Jäger LED-Leuchten in die Augenhöhlen bauen, bevor er sie als Trophäen an die Wand hängte.

Asbeck gilt in der Solarbranche zu Recht als besondere Figur: als *last man standing*. Das Unternehmen, das er 1998 gründete und lange Zeit dominierte, überlebte bisher als einzige große Solarfirma Europas eine Welle von Firmenpleiten, die fast die gesamte Branche in einen Trümmerhaufen verwandelte. Ein

Satz, den Asbeck gern sagt, lautet: „Man muss dem Glück eine Landebahn geben."

Als sich Ende der 1970er Jahre Umwelt- und Friedensaktivisten mit alten K-Gruppen-Leuten zusammenfanden, um in die Parlamente einzuziehen, gehörte der damals 20-jährige Asbeck zu den Pionieren. Zusammen mit Gert Bastian, Petra Kelly, Michael Vesper und anderen gründete er im Dezember 1979 in Nordrhein-Westfalen den ersten grünen Landesverband. Seine Karriere verlief anders als die der meisten Protagonisten der grünen Ur-Generation. Für seine politische Leidenschaft genügte ihm ein Kreistagsmandat im Rhein-Sieg-Kreis. Schon 1987 zog Asbeck sich wieder von der politischen Bühne zurück, um in das Geschäft mit Photovoltaik-Anlagen und Wechselrichtern einzusteigen. Der Solarunternehmer gehörte zu den wichtigen finanziellen Förderern der Grünen, er unterstützte auch den Lobbyverband Eurosolar des SPD-Politikers Hermann Scheer nach Kräften. Im Jahr 1998 schuf Asbeck sein eigentliches Lebenswerk: die Solarworld AG, ein Konzern, der zur richtigen Zeit an der richtigen Stelle entstand. Nur ein Jahr später konstruierten SPD und Grüne im Bundestag das Erneuerbare-Energien-Gesetz, das damals weltweit großzügigste Förderungsprogramm für Solar- und Windenergie. Die Solarworld AG stieg vorübergehend zum größten Photovoltaikmodul-Hersteller der Welt auf. Wenn Zeitungen über Asbeck schrieben, fiel unvermeidlich das Wort „Sonnenkönig". Ihr Allzeithoch erreichte die Solarworld-Aktie im November 2007 bei 48,80 Euro. Für einen Moment schien die Formel des Grünen-Politikers Fritz Kuhn aufzugehen: Grüne Ideen, schwarze Zahlen.

Im Sommer 2013 stand Asbecks Konzern nach jahrelangen schweren Verlusten vor dem Untergang. Sein Gründer rettete das Unternehmen durch ein riskantes Manöver, zumindest vorläufig, indem er diejenigen in Haftung nahm, die an ihn und seine Fortune geglaubt hatten. Die Banken mussten 60 Prozent ihrer Forderungen abschreiben, die Anteilseigner notgedrungen einem Kapitalschnitt zustimmen, der 95 Prozent ihres Aktienwerts vernichtete. Die Alternative für die Anleger hätte gelautet, bei einer Insolvenz alles zu verlieren. Auf diese Weise schaffte es Asbeck, wenigstens die erdrückenden Schulden abzuschütteln, obwohl sich an dem Minus der Solarfirma kaum etwas änderte. In den ersten neun Monaten des Jahres 2013 erwirtschaftete das Unternehmen 60,2 Millionen Euro Verlust. Die Solarworld-Aktie notierte im November 2013 bei rund 75 Cent.

Asbecks privates Glück allerdings fand nach dem spektakulären Start auch die von ihm erhoffte Landebahn. Als ehemals größter Solarworld-Aktionär profitierte er in den vergangenen Jahren von Dividendenausschüttungen, die auch noch stattfanden, als der Konzern schon tiefrote Zahlen schrieb. Ein größeres Paket seiner Aktien verkaufte er rechtzeitig. Er blieb auch nach dem Kapitalschnitt das, was er vorher war: ein vermögender Mann.

Den alten Solarworld-Anteilseignern geht es selbst nach ihrer 95-Prozent-Enteignung noch halbwegs gut, verglichen mit Investoren, die ihr Geld in andere Solarfirmen steckten. Denn die verloren alles, wenn sie nicht beizeiten den Absprung schafften. Q-Cells, Conergy, Solon und fast alle anderen aus der ersten Riege der deutschen Solarunternehmen exstieren nicht mehr. Die Bosch AG gab im Jahr 2013 ihre Solarthermie-Sparte auf – nachdem sie dort insgesamt 2,6 Milliarden Euro verbrannt hatte. Der Bosch-Aufsichtsratschef Franz Fehrenbach stellte der deutschen Solarindustrie gewissermaßen die finale Diagnose. Auf die Frage der „Frankfurter Allgemeinen Sonntagszeitung", ob die Branche „todgeweiht" sei, antwortete er: „Für Deutschland sieht es zunächst einmal so aus, leider."

Für das Massensterben gibt es nicht nur einen Grund. Der von chinesischen Milliardeninvestitionen befeuerte ruinöse Wettbewerb setzte allen Photovoltaik-Herstellern zu. Allerdings teilen sich chinesische, amerikanische und südkoreanische Produzenten zurzeit noch die Marktspitze, während sich unter den Top Ten der Welt kein einziges deutsches Unternehmen mehr befindet. Wer den Aufstieg und Fall der kleinen und größeren deutsche Sonnenkönige betrachtet, stößt auch auf Managementfehler, überteuerte Einkäufe von Rohstoffen und eine viel zu kostspielige Übernahme von Firmen wie im Fall Bosch. Der Düsseldorfer Wettbewerbsökonom Justus Haucap hält den einheimischen Solarfirmen außerdem vor, viel zu wenig in Forschung und Entwicklung gesteckt zu haben. Dank der EEG-Subventionen schien die Sonnentechnologie ein sicheres und relativ risikoarmes Geschäft zu sein. Das traf auch zu – bis die internationale Konkurrenz in Fahrt kam.

Als die Anhänger des deutschen Grünstromprojekts um das Jahr 2000 herum anfingen, die Bürger für ihren Plan zu begeistern, ruhte ihr Theoriegebäude im Wesentlichen auf zwei Säulen. Zum einen sollten die erneuerbare Energien den

Strompreis auf lange Sicht senken oder allerhöchstens moderat erhöhen. Als Bonus der Öko-Revolution verkündeten sie Deutschland ein neues Wirtschaftswunder mit Hunderttausenden und demnächst Millionen profitabler grüner Jobs. Ihr Entwurf erinnerte ein wenig an ein farbenprächtiges chinesisches Propagandaplakat: Unter einem blauen Himmel drehen sich von der Bevölkerung freudig begrüßte Windräder, Solarmodule fangen das Sonnenlicht ein, Maisplantagen und Biogastanks schmücken die Landschaft, Elektroautos surren durch die Gegend, Arbeiter bauen die neuen Grünstromanlagen in Großserie, Installateure werkeln, kluge Ingenieure lassen eine neue Welt wachsen, die das ersetzt, was Norbert Röttgen einmal abfällig „die alten Industrien" nannte. Politiker und enthusiastische Journalisten schwärmten von einer „doppelten Dividende" durch billige erneuerbare Energie und satte Unternehmensgewinne.

So sah die Zukunft einmal aus.

In der Realität des Jahres 2013 sprechen die nüchternen Zahlen für das genaue Gegenteil: ein doppeltes Desaster.

Wer sich heute auf die Suche nach den grünen Jobs begeben will, muss sich notgedrungen in die Tiefen der Statistik graben. Das Erklärungsheft „Der volle Durchblick", das Grünstrom-Lobbyverbände kostenlos in Fußgängerzonen und auf Veranstaltungen verteilen, versammelt auf 66 Seiten allerlei erbauliche Argumente und Zahlen, die beweisen sollen, dass kritische Einwände gegen die Energiewende auf Begriffsstutzigkeit, falschen Annahmen und mangelndem Glauben beruhen. Bemerkenswerterweise förderten die Bundesministerien für Umwelt und für Landwirtschaft diese Broschüre für den

Meinungskampf. Ein gewisses Geschick kann man den Verbänden für erneuerbare Energie nicht absprechen: Nicht jede Branche schafft es, den Trommelwirbel mit Tusch in eigener Sache auch noch von der Allgemeinheit mitfinanzieren zu lassen. In der Grünwirtschaft gehört das Anzapfen fremder Kassen freilich zur genetischen Grundausstattung.

Im „Durchblick"-Heft heißt es zum Thema Arbeitsplätze: „Der Ausbau erneuerbarer Energien ist mit positiven gesamtwirtschaftlichen Effekten verbunden. (...) Die Bruttobeschäftigung im Bereich der erneuerbaren Energien lag 2012 bei rund 378.000 Personen. Bis 2020 rechnet die Branche mit einem Anstieg der Beschäftigtenzahlen auf 500.000." Das klingt erfreulich.

Ein deutlich anderes Bild entsteht jedoch, sobald sich der agitierte Bürger die vollständige Statistik des Bundesumweltministeriums besorgt, aus der die erste der beiden Zahlen stammt. Laut BMU lag die Beschäftigtenzahl im Bereich der erneuerbaren Energien 2012 tatsächlich bei 377.800. Ein Jahr vorher, 2011, hatte sie allerdings ihren Höchststand bei 381.600 erreicht. Das heißt: Seit 2011 geht die Beschäftigung im Grünenergiebereich bergab. Wegen der Pleitewelle in der Solarindustrie dürfte die Zahl für 2013 noch einmal deutlich niedriger liegen. Und selbst der Höchststand von Jobs in der Ökoenergiebranche vor zwei Jahren entsprach gerade rund 0,9 Prozent der insgesamt 42 Millionen Beschäftigten in Deutschland.

In einer Untersuchung über das vermeintliche grüne Jobwunder vom August 2013 erinnert der Ökonom Nico Pestel vom Institut Zukunft der Arbeit (IZA) außerdem daran, dass

60 bis 70 Prozent der Beschäftigten im Erneuerbare-Energien-Bereich von Subventionen abhängen. Fiele die Umverteilungspumpe namens EEG also plötzlich aus, dann würde der Wirtschaftszweig von den Herstellern und Installateuren der Grünstromanlagen auf einen noch weitaus kleineren Kern zusammenschnurren. Pestel weist außerdem darauf hin, dass die Energiewende auch eine Menge Jobs kostet: Mittelständler reduzieren wegen der hohen Strompreise ihre Investitionen, die chemische Industrie in Deutschland, die besonders unter den Kosten leidet, investierte 2013 zum ersten Mal seit vielen Jahren wieder mehr Geld außerhalb Deutschlands als an ihren Stammplätzen. Und natürlich bedeuten die Milliarden der EEG-Umlage, die von den Bürgern gezahlt werden, dass das Geld beim Konsum an anderer Stelle fehlt.

Die Frage, ob die Energiewende also per Saldo bisher auch nur einen einzigen zusätzlichen Arbeitsplatz geschaffen hat, lässt Pestel in seiner Studie ausdrücklich offen. Versprechen von einer halben Million Jobs im Jahr 2020, wie sie die Lobby-Broschüre ohne Quelle und Berechnungsgrundlage anführt, hält er angesichts des deutlichen Abwärtstrends für absolut unrealistisch. Ihm sei vollkommen unklar, spottet Pestel, „aufgrund welcher Modellannahmen diese Prognosen getroffen wurden“.

So ernüchternd die Arbeitsplatzstatistik des Bundesumweltministeriums wirkt: Sie verleiht der Wirklichkeit immer noch einen Goldschnitt. Als Beschäftigte der Solarbranche zählen Regierungsbeamte auch sämtliche Händler von Solaranlagen, Servicetechniker und Installateure. Das ist ungefähr so, als würden auch alle Fahrzeughändler, KfZ-Mechaniker und Tankstellenbetreiber zur Automobilbranche gerechnet. Noch 2012 behauptete der damalige Bundesumweltminister Norbert Röttgen im „Spiegel“: „Es gibt in Deutschland rund 100.000 Arbeitsplätze in der Photovoltaik.“ Seine freie Aufrundungsmethode erinnert ein bisschen an die Planerfüllungszahlen des ehemaligen DDR-Wirtschaftslenkers Günter Mittag. In der reinen industriellen Herstellung von Solaranlagen arbeiteten nach Angaben des Bundesverbandes der Solarwirtschaft im Jahr 2013 in Wirklichkeit nur noch rund 11.000 Beschäftigte. Anfang 2014 sank diese Zahl auf weniger als 5.000. Seit 2011 halbierte sich die Zahl, wie der Verband einräumt. Als größtes deutsches Solarunternehmen beschäftigte die schwer kranke Solarworld AG im Juni 2013 noch 2.202 Mitarbeiter, gut 300 weniger als im Vorjahr. Die wenigen anderen Unternehmen, die das Massensterben überlebten, zählen fast durchweg weniger als 1.000 Beschäftigte. Und selbst dort, wo es nach einer Pleite ausnahmsweise weiterging, verloren die meisten Mitarbeiter ihren Job: Die Reste des gescheiterten Q-Cells-Werks in Bitterfeld übernahm der südkoreanische Mischkonzern Hanwah; von ehemals 2.400 Beschäftigten arbeiten unter der neuen Flagge nur noch 780.

Etwas besser geht es der Windturbinen-Branche: Der deutsche Marktführer Enercon beschäftigt rund 10.000 Menschen und schreibt schwarze Zahlen. Eine große Zuliefer- und Serviceindustrie existiert hier allerdings nicht. Das Unternehmen stellt alle großen Teile vom Betonmast bis zu den Rotorflügeln aus Glasfasern selbst her, montiert die Windmühlen und kümmert sich um deren Wartung. Etwa 60 Prozent des deutschen Marktes deckt Enercon ab. Die industrielle Windanlagenbranche dürfte insgesamt gut 20.000 Mitarbeiter zählen. Zusammen mit den Produzenten der Biogasanlagen leben bundesweit selbst bei großzügiger Rechnung nur etwa 60.000 Menschen davon, dass sie Grünstrom-Anlagen herstellen. Mit der gigantischen Anschubhilfe von etwa 97 Milliarden Euro EEG-Subventionen, die seit dem Jahr 2000 von den Stromkunden bezahlt wurden, wuchs also eine grüne Kleinstindustrie, die in ihrem industriellen Herz gerade einmal 0,25 Prozent der deutschen Arbeitnehmer beschäftigt. Und ein Teil dieser Branche lebt in höchst prekären Verhältnissen nahe an der Abbruchkante. Selten in der neueren Wirtschaftsgeschichte befanden sich volkswirtschaftlicher Aufwand und Ertrag in einem derart absurden Missverhältnis.

Das alles hinderte die Grünen-Chefin Simone Peter jedoch nicht daran, noch im Oktober 2013 über das angebliche Öko-Jobwunder zu fabulieren:

„Es gibt ja riesige Chancen, wir haben 400.000 Arbeitsplätze in diesem Bereich geschaffen.“[10]

Die Quelle ihrer Zahl ließ sie – was schon routinemäßig zu den Gepflogenheiten des Grünsprechs gehört – im Dunkeln. Ebenso, wen sie mit „wir“ meinte.

Zu den deprimierenden Wahrheiten gehört auch, dass die Energiewende nach deutschem Rezept noch nicht einmal einen einzigen internationalen Marktführer herbeisubventionieren konnte. In der Solarbranche spielt die Bundesrepublik

---

[10] Simone Peter im Deutschlandfunk am 20.10.2013

ohnehin nur noch in der dritten Liga. Aber auch auf dem Windenergiemarkt behauptet sich kein deutsches Unternehmen an der Spitze, sondern der dänische Hersteller Vestas.

Was bleibt also vom großen grünen Jobversprechen? Tausende Arbeitsplätze sind mittlerweile wieder verschwunden, die meisten allerdings gar nicht erst entstanden. Sie blühten nur im Reich der Prognosen und getrimmten Statistiken.

Ein Glück, könnten sich die gebeutelten Zahler sagen, dass es wenigstens denen gut geht, die ihr Geld in Solaranlagen und Windparks stecken. Wer mit Werner Daldorf spricht und dessen penible Untersuchungen liest, der ahnt allerdings: Selbst die Geschichte von den vermeintlichen Öko-Gewinnen in Bürgerhand stimmt bestenfalls zur Hälfte.

Werner Daldorf gehört unbestreitbar zu den Freunden der Windenergie. Schon Ende der 1990er Jahre gründete er zusammen mit anderen einen kleinen Propellerpark. „Und der funktionierte gut“, sagt er. Dem Bundesverband Windenergie gehört der Steuerprüfer seit vielen Jahren an. Es gibt kaum ein Mitglied, das seinen Namen nicht wenigstens schon einmal gehört hätte. Selbst diejenigen, die ihn mittlerweile zum Teufel wünschen, würden nicht behaupten, dass er zu den Feinden der erneuerbaren Energien zählt. In gewisser Weise verkörpert der Mann mit der leisen Stimme und dem Hang zu präzisen Formulierungen, der innerhalb des Verbandes die kleinen Anleger vertritt, den Gegenentwurf zum Ökoenergie-Grandseigneur Frank Asbeck. Hinter Daldorf steht kein PR-Apparat und kein Unternehmen, er schöpft bei seiner

Recherchearbeit aus keiner Kasse. „Das, was ich mache", sagt er, „erledige ich ehrenamtlich".

Im Jahr 2013 standen 22.972 Windräder in Deutschland. Den größten Teil der Investitionen von insgesamt 45 Milliarden Euro brachten in den vergangenen 13 Jahren Anleger auf, die ihr Kapital in Windkraftfonds steckten. Meistens handelte es sich um gut situierte, aber nicht unbedingt reiche Leute, die etwas Gutes tun und gleichzeitig auf sichere Weise Geld verdienen wollten. Sie praktizierten damit genau das, was Politiker ihnen mit der Formel „Energie in Bürgerhand" empfohlen hatten. Die Prospekte der Fonds verzeichneten die vorher gemessenen Windgeschwindigkeiten und schätzten die sogenannte Windernte; Subventionen für den eingespeisten Strom fließen berechenbar auf 20 Jahre. In der Regel bringen die Anleger 30 Prozent der Investition auf, 70 Prozent finanziert ein Fonds durch Bankkredite. Üblicherweise versprechen Windfonds-Prospekte ihren Anlegern eine Gesamtrendite von 150 bis 170 Prozent über die zwei Jahrzehnte. Das heißt: Kauft jemand einen Anteil für 10.000 Euro, dann erhält er unter dem Strich seine Einlage zurück, plus 15.000 bis 17.000 Euro Gesamtgewinn, verteilt auf die einzelnen Jahre. Nicht wenige investierten, um für ihr Alter vorzusorgen.

Im Auftrag der Anleger wertete Daldorf insgesamt 1.150 Jahresabschlüsse von 175 Windparks aus den Jahren 2000 bis 2011 aus. Es handelt sich also nicht um eine Stichprobe, sondern um eine Art betriebswirtschaftliche Bilanz des gewaltigen Unternehmens, deren Folgen jeder beobachten kann, der

durch Niedersachsen, Schleswig-Holstein, Brandenburg und selbst durch südliche Länder fährt.
Fast alle sogenannten Bürgerwindparks, die Daldorf untersuchte, ernteten deutlich weniger Wind als geplant, erzeugten folglich weniger Strom und erwirtschafteten weniger Geld, als die Prospekte versprochen hatten. Insgesamt lagen die Windstrom-Erlöse aller 175 Parks nur bei 86 Prozent der Prognosen. In 37 Prozent aller Fälle reichte der Ertrag noch nicht einmal aus, um die Bankkredite für die Windräder zu tilgen. Diese Windparks verbrannten und verbrennen also Geld – trotz der Subventionen, die für jede einzelne Kilowattstunde fließen. Wer sein Geld in einen dieser Minus-Fonds steckte, dürfte am Ende noch nicht einmal seinen Einsatz wiederbekommen. Zu ihrem Unglück können die Anleger nicht fliehen – es existiert kein Markt für einzelne Fondsanteile. Ihnen bleibt nicht anderes übrig, als der Geldvernichtung hilflos zuzusehen. Die Anteilseigner der meisten anderen Windparks müssen von ihren erhofften Gewinnen zumindest Abstriche hinnehmen. Noch schlechter geht es den etwa 75.000 Anlegern des Windkraftunternehmens Prokon, das rund 1,4 Milliarden Euro Kapital von gutgläubigen Anlegern einsammelte. Am 22. Januar 2014 meldete es Insolvenz an. Fast jeder dürfte in einer S-Bahn oder einem Bus schon einmal der Werbung des Unternehmens aus Itzehoe gesehen haben: Auf den kleinen Klebezetteln verwandelt sich ein Radioaktivitätssymbol in ein Windrad. Jeder, so die Botschaft, könne sich am Umbau der Energieversorgung beteiligen, nämlich mit dem Kauf von Prokon-Genussrechten. Die Firma versprach noch im Jahr 2014 auf ihrer Website eine sechsprozentige Verzinsung plus Überschussbeteiligung,

„kurze Laufzeiten von sechs Monaten“ und „Kündigungsfristen von vier Wochen“, dazu eine halbjährliche Zinsausschüttung. Die Anleger störte es offenbar nicht, dass es sich bei Genussrechten um eine Anleihe handelt, die den Anlegern wenig Rechte einräumt. Wertpapieremittenten wie Prokon zählen zum sogenannten grauen Kapitalmarkt, der kaum einer Kontrolle durch Aufsichtsbehörden unterliegt. Wenn Geldeinsammler Grau mit Grün überstreichen, verschwindet allerdings die Skepsis bei Zehntausenden kleinen Investoren – auch durch das ununterbrochene Propagandagetröte von Regierung und Lobbyverbänden, die grüne Wirtschaft eile von einem Erfolg zum nächsten. Nach eigenen Angaben betreibt Prokon 54 Windparks mit insgesamt 314 Windkraftanlagen in Deutschland in Polen, außerdem ein Pflanzenölwerk in Magdeburg. Wie die Geschäfte tatsächlich laufen, darüber konnten gutgläubige Anleger schon in der Vergangenheit nur spekulieren.

Die letzte Prokon-Bilanz stammt aus dem Jahr 2011. Auf Presseanfragen antwortet das Unternehmen nicht. Seit Januar 2014 drangen Investoren auch telefonisch nicht mehr zu ihren Kapitalverwaltern in Itzehoe durch. Am 16. Januar 2014 und damit wenige Tage vor dem vorläufigen Insolvenzverfahren hieß es auf der Prokon-Internetseite lapidar:

> *„Wir sind selbst zutiefst betroffen darüber, dass es zu der jetzigen Situation gekommen ist. (...) Tatsächlich können wir in der jetzigen Situation aber keinerlei Rückzahlungen oder Zinsauszahlungen vornehmen.“*

Wie konnte es überhaupt passieren, dass mehr als jeder dritte Fonds das Geld seiner Anleger vernichtet, obwohl die Gesetzgeber die Rotorenparks mit Subventionsmilliarden überschütten und ihnen obendrein jedes Privileg einräumen, vom Anschluss auf Kosten der Allgemeinheit bis zur Entschädigungszahlung, wenn das Stromnetz überquillt? Die Antwort lautet: weil Bürokraten alles Mögliche regeln können, nur nicht die Natur. In den vergangenen Jahren wehte der Wind schwächer als im langjährigen Mittel. Viele Windparkprospekte übertrieben außerdem systematisch die Windprognose, um den Anlegern eine Investition schmackhaft zu machen. Geldgeber, die mit ihrem Engagement vor allem die Welt retten wollen, gehören außerdem nicht zu besten Rechnern.

Anlagen in südlichen Schwachwindgebieten, die von den Landesregierungen in Stuttgart und Mainz eifrig ausgewiesen werden, operieren unter besonders prekären Umständen: Die Windernte fällt dort landschaftsbedingt deutlich schwächer aus als an der Küste, und um überhaupt etwas abzubekommen, sind besonders teure hohe Windräder nötig. Der Grünenergieboom jagte außerdem die Pachtkosten in geradezu absurde Höhen: Selbst in Gebieten mit schwachem Ertrag fordern Landbesitzer mittlerweile bis zu 40.000 Euro pro Windrad und Jahr, an der Küste bis zu 100.000 Euro. Kommen laue Brisen, hohe Pacht und noch die eine oder andere Reparatur zusammen, dann löst sich der vorgerechnete Jahresgewinn im Handumdrehen auf, selbst wenn die Stromkunden nach Kräften Subventionen schicken.

Außerdem begünstigt die Fondsstruktur diese weltweit wahrscheinlich einmalige Methode, Gold zu Stroh zu spinnen: Deren Manager verdienen ihr Geld vor allem mit dem Verkauf der Fondsanteile an Anleger. Wie der Windpark später läuft, ob er überhaupt Geld erwirtschaftet – das kann ihnen ziemlich egal sein.

Von Anfang an entstand die deutsche Energiewende als hybrides Gebilde, in dem der Staat ein politisches Ziel und Plankennzahlen vorgab, während Privatleute, abgesichert durch ein vermeintliches Rundumsorglos-Paket, ihr Geld investieren sollten. In beiden Systemen, Staat wie Markt, stecken grundsätzliche Risiken. Greift der Staat in die Preisfindung ein, führt das regelmäßig dazu, dass Geld an der falschen Stelle investiert wird. Der Markt wiederum neigt zum sogenannten Schweinezyklus – springen zu viele auf eine Investitionswelle, dann brechen irgendwann die Preise und damit die Gewinne ein. Das laufende Grünstrom-Großprojekt vereint mit bemerkenswerter Konsequenz jeweils das Schlechteste aus beiden Welten. Politische Wünsche und gesetzlich garantierte Höchstvergütungen sorgen dafür, dass Windräder auch dort entstehen, wo nur laue Lüfte wehen. Preise von Grünstromproduzenten können wegen der festen Einspeisevergütung zwar nicht einbrechen, der heißgelaufene Pachtmarkt frisst dafür die Renditen der Windmüller vielerorts auf. Und die deutschen Solaranlagenhersteller erleben beziehungsweise erleiden gerade die Endphase eines klassischen Boom-and-Bust-Zyklus. Wenn die Energiewende etwas Nützliches produziert, dann eine Erkenntnis für künftige Ökonomielehrbücher: Mischwesen aus Markt und Sozialismus verschlingen Unmengen an Ressourcen – und siechen trotzdem schnell dahin.

Während Tausende private Anleger ernüchtert auf ihre Abrechnung schauen, kommen Bürgermeister und Landräte erst so richtig in Schwung. Kommunalpolitiker gründen selbst Energieversorgungsunternehmen, Stadtwerke steigen ins Grünstrom-Geschäft ein. Ein Nebenargument dafür lautet: So füllen die Kommunen risikolos ihre Kassen. Als Hauptmotiv führen die Amtsträger den politischen Nutzen an. Indem die öffentlichen Hände Steuergeld investieren, verwirklichen sie die „Energiewende von unten" und nehmen, wie es auf unzähligen Foren und Kongressen heißt, die Bürger mit, demokratisieren die Wirtschaft und schaufeln den vermaledeiten Energiekonzernen wie Eon und RWE das Grab. Wer den Begeisterten zuhört, der versteht: Ortschaftsräte plus ein kommunaler Windpark, das ist der Sozialismus des 21. Jahrhunderts. Zum Studium der real existierenden Bürgerenergiewende eignet sich das Beispiel des fränkischen Landkreises Haßberge ganz vorzüglich. Dort gründeten der Landkreis, umliegende Gemeinden und der Bauernverband die „Gesellschaft zur Umsetzung erneuerbarer Technologieprojekte", kurz: GUT. Mit der Demokratisierung geht es schon einmal vorbildlich voran: Der Landrat sitzt dem Aufsichtsrat der GUT vor, außerdem führt er den regionalen Planungsausschuss und entscheidet als Behördenchef auch über die Baugenehmigungen. Das wichtigste Projekt der GUT besteht in der geplanten Errichtung von zehn Windkraftanlagen in einem Forstgebiet. Für jedes Windrad müssten ungefähr 6.000 Quadratmeter Wald abgeholzt werden. Der Propellerpark würde außerdem in einem ausgeprägten Schwachwindgebiet mit hochgradig unsicherer Gewinnprognose stehen. Die Bürger können jedenfalls ganz sicher darauf vertrauen, dass der Landrat als Chef der Genehmigungsbehörde den Plan, der auch seine Unterschrift als Aufsichtsratschef trägt, unvoreingenommen und skrupulös prüft.

Auch für die Planung eines Windparks hoch über dem Rhein bei Unkel mitten in einem Flora-Fauna-Habitat-Gebiet und in Sichtweite des weltberühmten Drachenfels zeichnen öffentliche Hände verantwortlich. Umliegenden Gemeinden gehört der Boden, sie hoffen auf Pachteinnahmen von 40.000 Euro pro Rad. Und an dem künftigen Betreiber halten ebenfalls Kommunen Anteile. Grundsätzlich wirkt der Glaube ja sympathisch, dass Kommunalpolitiker besser mit der Natur umgehen als Großkonzerne, dass sie mit dem Geld der Bürger sorgsam wirtschaften und sich gern der demokratischen Kontrolle unterwerfen. Wer sich diese schöne Überzeugung bewahren will, der tut gut daran, Beispiele wie die in Haßberge oder im mittleren Rheintal einfach zu ignorieren.

Oder das Exempel der Stadtwerke Erlangen: Dort investierten die Verantwortlichen in neun Windräder. Im Jahr 2012 wehte der Wind nicht so, wie es gleich drei Windgutachter (ein Berufsbild, das erst durch die Energiewende entstehen konnte, immerhin) in ihre Papiere geschrieben hatten. Statt etwas mit den subventionierten Mühlen zu verdienen, fuhren die Erlanger Stadtwerke 2012 damit einen Verlust ein, und mussten eine Abschreibung von 3,8 Millionen auf den Buchwert der gerade erst installierten Rotoren vornehmen. Nach dieser drastischen Wertminderung erwirtschafteten die Windräder im Jahr 2013 nach Angaben des Stadtwerke-Vorstandes immerhin ein Rendite von zwei Prozent – also ungefähr den Inflationsausgleich. Erlangens Stadtwerkchef Wolfgang Geus kommentierte die Geldvernichtung mit einem Satz, der programmatisch für die gesamte Energiewende stehen könnte: „Das kann durchaus wieder besser werden, und darauf setze ich eigentlich." Der Werbespruch des Unternehmens lautet: „Mit Wind die Wende schaffen – Erlangen nutzt die Chance."

Münchens Stadtwerke schafften es sogar, mit der eigentlich investorensicheren Solarenergie Millionen zu versenken. Im Jahr 2011 kauften sie 48,9 Prozent des Solarthermie-Kraftwerks Adrasol 3 im sonnigen Granada. Was sie nicht ahnen konnten: der krisengeplagte spanische Staat strich zum 1. Januar 2013 auf einen Schlag die Subventionen für Solaranlagen. Natürlich produziert Adasol 3 weiter Strom – allerdings nur zu bescheidenen spanischen Marktpreisen, für die sich die hohe Investition aus Deutschland nie gelohnt hätte. Folgerichtig schrieben die Stadtwerke München 2013 ihren Einsatz von 64 Millionen Euro als Totalverlust ab.

Sicherlich gibt es auch hier und da kommunale Investitionen in Grünstrom, die Gewinn abwerfen. Schließlich erfordert es überdurchschnittliches Ungeschick, in einem durch und durch subventionsgetränkten Geschäft überhaupt rote Zahlen zu schreiben.

Aber die entscheidende Frage angesichts des Panoramas von Pleiten und Pannen lautet: Wenn die Aktionäre von Solarworld 95 Prozent und die Anteilseigner vieler zusammengekrachter Photovoltaik-Firmen alles verlieren, wenn die Ex-Mitarbeiter dieser Unternehmen beim Jobcenter landen, wenn gut ein Drittel der Windkraftinvestoren ihrem Geld

hinterherwinken, Stadtwerke mit ihren Grünstromausflügen Löcher in die Kasse reißen und der gemeine Stromkunde sowieso zahlt und zahlt – wer profitiert dann eigentlich von dieser phänomenalen Veranstaltung?
Natürlich Leute wie der Sonnenkönig Frank Asbeck, der Mann mit dem untrüglichen Gefühl für Gelegenheiten und den passenden politischen Kontakten. Es verdienen auch Landbesitzer prächtig, die ihren Grund risikofrei für die schon genannten 40.000 bis 100.000 Euro pro Windrad und Jahr verpachten, genauso wie die Eigner von Äckern und Scheunendächern, die dort ihre Solarmodule montierten. Von der Energiewende profitieren also vor allem diejenigen, die auch schon vorher eher zu den Begüterten und Privilegierten zählten. Für ihre Gewinne zahlen auch Kleinrentner und Geringverdiener per Stromrechnung. Hier funktioniert geradezu mustergültig, wovor nahezu alle Talkshowmatadoren und Leitartikler seit Jahrzehnten unaufhörlich warnen: die Umverteilung von unten nach oben.

Es gibt einfach zu wenige Nutznießer der Energiewende, als dass sich eine Mehrheit der Deutschen tatsächlich für dieses Elitenprojekt begeistern könnte. Dafür sorgen auch Profiteure, die besser unter dem Begriff Marodeure geführt werden sollten. Etwa Dinnies Johannes von der Osten, der frühere Chef der Landesbeteiligungsgesellschaft in Sachsen-Anhalt. Der Staatsmanager pflegte gute Kontakte zu den Gründern des Solarunternehmens Solon AG und überzeugte sie 1999, ein neues Photovoltaik-Unternehmen in Sachsen-Anhalt zu gründen: Q-Cells. Er förderte das Unternehmen nach Kräften mit Steuergeldern, insgesamt flossen gut 40 Millionen Euro an

Beteiligungen, Bürgschaften und Krediten. Still und verdeckt beteiligte sich der Insider von der Osten auch privat über einen Treuhänder an der von ihm geförderten Q-Cells-Fabrik. Eine von vielen kleinen Solarwunder-Geschichten kam in Gang, Q-Cells ging an die Börse und berechtigte zu den schönsten Hoffnungen. Im Dezember 2007 kostete eine Aktie 82,30 Euro. Dann ging es praktisch ungebremst bergab, trotz EEG-Subventionen und Staatshilfen. Im Jahr 2012 – da kostete der Anteilsschein noch 14 Cent – erklärte das Management die Insolvenz. Von der Osten, der zeitweise auch im Aufsichtsrat des Unternehmens saß, hatte den größten Teil seines Aktienpaketes schon beizeiten losgeschlagen, genau so wie die Q-Cells-Gründer.

Noch schöner, nämlich in geradezu puristischer Manier schafften es die Gründer des Unternehmens Odersun AG im brandenburgischen Frankfurt/Oder, öffentliches Geld zu privatisieren. Sie erklärten den Beamten im Wirtschaftsministerium, dass sie ein revolutionäres Produkt herstellen wollten: eine hocheffiziente Solar-Dünnschichtfolie. Bis zur Marktreife bräuchten sie allerdings etwas Geld. Dem Wunsch kamen die Ministerialen gern nach; schließlich existiert in Brandenburg bereits eine schöne Tradition von staatsgepäppelten Ex-Unternehmen, vom Lausitzring über Cargolifter bis zu einem ehemaligen Chipwerk in Frankfurt/Oder. Dass bisher jedes Mal eine Pleite folgte, irritiert Brandenburgs Regierungspartei bis heute nicht ernsthaft. In Potsdam sehen die Zuständigen den Staatskapitalismus im Prinzip wie den Sozialismus: Die Idee ist gut, sie ist nur bisher schlecht ausgeführt worden, weshalb man es eben immer wieder von vorne versuchen muss. Dieses Mal also im Fall Odersun. Das Wirtschaftsministerium pumpte 13,4 Millionen Euro an Fördermitteln und Krediten in die neue solare Hoffnung des Ländchens, das sein erster Ministerpräsident einmal lobend „die kleine DDR“ genannt hatte. Leider produzierte Odersun, wie vor 1990 auch schon mancher VEB, kaum etwas Verkäufliches. Mit dem Geld und zusätzlichen Bankkrediten bezahlte das Unternehmen im Wesentlichen seine umtriebigen Manager und die Mitarbeiter. Im Jahr 2010 genehmigte sich allein die Unternehmensführung Gehälter von 1,66 Millionen Euro – bei einem Jahresumsatz von 214.000 Euro. Das hinderte den nächsten brandenburgischen Wirtschaftsminister, einen wackeren Linkspartei-Mann, nicht daran, der Firma kurz vor der Insolvenz 2012 noch einmal einen Notkredit von drei Millionen Euro nachzuwerfen. Ihm sei es, sagte er später, vor allem um den Erhalt der 260 Arbeitsplätze gegangen. Die gibt es heute natürlich auch nicht mehr.

Auf mittelalterlichen Adelssitzen pflegten oft Alchimisten zu erscheinen, die aus Dreck Gold zu machen versprachen. Das Gold materialisierte sich auch meist, allerdings in ihren Taschen, und ihre Kunst bestand im Großen und Ganzen darin, mit der Beute wieder rechtzeitig durchs Burgtor zu schlüpfen. Viele Herrscher der damaligen finsteren, unaufgeklärten Zeit sagten sich: „Da bin ich wohl an einen Betrüger geraten. Beim nächsten Alchimisten werde ich genauer hinschauen.“

Die Hokuspokus-Künstler von damals riskierten immerhin noch das Halseisen, ihre modernen grün gewandeten Adepten höchstens einen langweiligen Lebensabend in einer Villa. Weil sich „erneuerbare Energien“ im Kopf der meisten

Politiker wie ein Pawlowscher Reflex mit „Subventionen" verbinden, dürfen wir auch künftig erheiternde Geschichten wie die von Odersun erwarten.

Es gibt Nutznießer dieses speziellen Forderns und Förderns, die leider kaum Beachtung finden: die Parteien. Jedenfalls diejenigen, die den Geldfluss in die andere Richtung am Laufen halten. Die Solarunternehmen Solon und Q-Cells marschierten wie beschrieben beide in die Pleite. Im Jahr 2005 ging es ihnen allerdings noch gut genug, um die Partei mitzufinanzieren, die ihre Geschäfte überhaupt möglich gemacht hatte. Solon spendete 20.000 Euro an die Grünen, Q-Cells gab 19.000 Euro. Im Rechenschaftsjahr 2007 bedachte das Unternehmen des Solarpioniers Frank Asbeck die Grünen mit 25.000 Euro, die SPD ein Jahr später sogar mit Spenden in Höhe von insgesamt 45.000 Euro. Ganz besonders profitierte die Bonner SPD, die 2007, 2008 und 2009 jeweils 25.000 Euro von Solarworld erhielt, 2009 außerdem noch 15.000 Euro von First Solar. Der Bonner SPD-Bundestagsabgeordnete Ulrich Kelber zählt zu den eifrigsten Verteidigern des Erneuerbare-Energien-Gesetzes. In der Bonner Zentrale von Solarworld fand nach einem Bericht der „Financial Times Deutschland" ein opulentes Fundraising-Dinner für die FDP statt – das war 2009, als die Zeichen unübersehbar auf Schwarz-Gelb standen. Fast die gesamte Führung der Liberalen sei gekommen, so die FTD, um von Asbeck geschossenes Wildbret zu speisen und Spendenzusagen von den Freunden des Sonnenkönigs entgegenzunehmen. Trotz aller Rhetorik stellten die Freidemokraten das EEG-Fördersystem in der Koalition nie ernsthaft in Frage.

Wie kommt es, dass zwar der politische Lobbyismus zugunsten der Autoindustrie zum öffentlichen Skandal wird, nicht aber das Geben und Nehmen innerhalb des politisch-ökologischen Komplexes? Die Frage richtet sich vor allem an die Medien: Ob etwas als skandalös eingestuft wird oder nicht, entscheiden vor allem sie. Deutschlands Journalisten hätten gerade in der Energiewende-Debatte einen guten Grund, nach ihrer eigenen Rolle zu fragen, danach, ob sie tatsächlich nur beobachten und beschreiben oder ob sie sich nicht vielmehr als Wegbereiter der guten Sache verstehen. Nach einer Untersuchung der FU Berlin neigen 26,9 Prozent der deutschen Politikjournalisten den Grünen zu. Medial besitzt die Partei von Claudia Roth damit die absolute Lufthoheit. Für die SPD erwärmen sich nach dieser Untersuchung immerhin noch 15,5 Prozent, für die CDU nur neun und für die FDP 7,6 Prozent. Eine andere Umfrage unter Journalisten aus dem Jahr 2006 maß sogar eine Grünen-Präferenz von 33,8 Prozent. Dafür sprechen nicht nur politische Vorlieben, sondern auch die tief sitzende Sozialisation: Die meisten Journalisten der überregionalen, tonangebenden Blätter gehören zur postmateriellen akademischen Mittelschicht, zu dem Teil der Gesellschaft also, in dem man zum Biogemüsemarkt radelt, gern im Manufaktum-Katalog blättert und den VW-Monteur in seinem spießigen Wolfsburger Reihenhaus aus tiefster Seele verachtet. Dass es weiter unten in der Gesellschaft Menschen gibt, die sich fragen, wie sie eine zwanzigprozentige Strompreiserhöhung verkraften sollen, wissen sie nur vom Hörensagen.

Aber für dieses Publikum kann man ja Energiespartipps drucken oder senden.

Der „Handelsblatt"-Chefredakteur Gabor Steingart beschrieb dieses Juste Milieu vor kurzem erstaunlich luzide:

> *„Die Frontseite einer beliebigen Zeitung erscheint als Derivat einer anderen, notdürftig getarnt durch unterschiedliche Schrifttypen und Bildgrößen. Wenn wir die deutsche Pressekultur unserer Tage in den Kategorien der Landwirtschaft zu erfassen hätten, müssten wir von einer Monokultur sprechen. (...) Die verwirrende Einheitlichkeit wurzelt auch in unserer Biologie. Die journalistischen Führungskader entspringen einer Alterskohorte, teilen in aller Regel Geschlecht, Religion, Hautfarbe und auch ihre Lieblingslokale. Wir haben dieselben Journalistenschulen besucht, lachen über dieselben Witze, verehren dieselben Helden, sind in der Lage, kollektiv zu hassen (Ronald Reagan, den Kapitalismus, alle Geheimdienste), und haben die meisten Irrtümer der vergangenen Jahrzehnte gemeinsam begangen."* [11]

Hier könnten etliche einwenden, dass Leute wie Steingart bestenfalls gefühlte Wahrheiten über die uniformen Medien von sich geben. Vielleicht sollten sich diejenigen, bei denen sich dieser Abwehrreflex regt, die Geschichte von den Golfplätzen ansehen, die in Deutschland angeblich eine Befreiung von der

---

[11] http://www.wuv.de/medien/das_internet_ist_die_grossartigste_erfindung_seit_es_suendenboecke_gibt, abgerufen 20.06.2014

Ökoumlage genießen. Neben Golfplätzen tauchen in Politikerreden wie auch Medienbeiträgen periodisch Rechenzentren von Banken auf, die, wie mit anklagendem Ton berichtet wird, ebenfalls von der Ökostromumlage ausgenommen seien. Bemerkenswerterweise hören und lesen die erstaunten Deutschen von den befreiten Golfplätzen und Bankrechenzentren erst, seitdem die EEG-Umlage spürbar steigt und dadurch eine gewisse Nachfrage nach Schuldigen erzeugte. Golfplätze und Banken – da sehen die Normalstromverbraucher mühelos die hohnlachenden Superreichen mit Krawattennadel und Kontrastkragenhemd vor sich, die sich aus der Ökoumlagenpflicht stehlen und damit die Energie der dreiköpfigen Familie verteuern. Es fügt sich schon nicht ganz zufällig, dass in keiner Politikerrede und keinem Agitationsartikel je behauptet wurde, Fußballklubs drückten sich von der EEG-Umlage – die Sportart ist einfach zu populär. Oder Jutetaschenproduzenten. Oder grüne Unternehmen wie Solarworld, die tatsächlich nur eine stark reduzierte Ökostromumlage zahlen. Aber das würde das Publikum nur unnötig verwirren. Golfplätze und Banken eignen sich dagegen perfekt als Narrativ.

Nur stimmt nichts davon. Die Gesetzeslage definiert eindeutig die Kriterien für eine reduzierte Ökosteuerumlage: In ihren Genuss kommt nur produzierendes Gewerbe mit einem Mindestverbrauch von einer Gigawattstunde pro Jahr. Abgesehen davon, dass ein Golfplatz ebenso wenig zum produzierenden Gewerbe zählt wie ein Bankrechenzentrum – eine Anlage für den Schlägersport, die im Jahr so viel Strom verschlingt wie ein kleineres Dorf, dürfte sich schwerlich finden lassen. Außerdem existiert eine öffentlich zugängliche Liste der Unternehmen, die nur eine reduzierte Grünstromumlage zahlen. Ein Golfclub fand sich nie darunter. Auch kein Bankrechenzentrum. Der Verband Deutscher Golfclubs wies mehrfach auf die Wanderlegende hin. Einige Medien – herauszuheben sind die FAZ und der Faktencheck bei Plasberg – demontierten die moderne Saga gründlich. Auf eine Anfrage der „Stuttgarter Zeitung" musste Jürgen Trittin schon 2012 einräumen, seine Behauptung von den umlagenbefreiten Bankrechenzentren sei falsch. Trotzdem geistert der Mythos bis zur Gegenwart wie ein Yeti unverwüstlich durch Reden und Medien, wenn es um die wahren Schuldigen an den hohen Strompreisen geht. Nie, tatsächlich nicht ein einziges Mal nennt jemand den Namen eines dieser ominösen unsolidarischen Golfclubs, die andererseits so massenhaft existieren müssen, dass sie in der Lage sind, die Strompreise in die Höhe treiben. Nach einer sehr unvollständigen Aufstellung wusste die „Tagesschau" von den Golfclubs zu berichten (in Form der pauschalen Nennung), ebenso die „Frankfurter Rundschau". Am 10. Oktober 2013 brachte „Spiegel Online" die Story noch einmal unter die Leute. Aufhänger der Geschichte: die EEG-Umlagenerhöhung ab 1. Januar 2014. Die grüne Spitzenkandidatin Katrin Göring-Eckardt hatte das Prinzip, möglichst unsympathische Drückeberger zu brandmarken, offensichtlich nicht recht begriffen. Im Bundestagswahlkampf 2013 behauptete sie: „Dass der Deutsche Wetterdienst [von der EEG-Umlage] befreit ist oder die Pommesbude um die Ecke, ist absurd." In der Tat, absurd: Beim Deutschen Wetterdienst ging es in Wirklichkeit um reduzierte Netzgebühren.

Die befreiten Pommesbuden hatte Göring-Eckardt kurzerhand erfunden.

Im Jahr 2014 findet sich der Dauerbrenner von den gemeinschädlichen Golfclubs noch auf der Internetseite des SPD-Parteivorstands, ebenso im Mitgliederbrief der Münchner Grünen vom Januar 2014 und in einer vor Empörung bebenden Tirade des DGB-Chefs Michael Sommer: „Schwarz-Gelb hat bei der EEG-Umlage dem Missbrauch Tür und Tor geöffnet, etwa für Ausnahmen für Golfplätze und Fleischverarbeiter, also die klassische FDP-Klientel." Und mit Sicherheit wird die unsterbliche Legende noch Dutzende Male in den verschiedensten Qualitätsmedien erscheinen, die sich das Wort gegenseitig aus dem Mund nehmen. Eines sollten Strom- wie Medienkunde einräumen: Die Geschichte vom schuldigen Golfclub liest sich entschieden besser und griffiger als die komplexe Erklärung dafür, warum die Preise tatsächlich steigen.

Dass die Energiewende die Form einer absurden Tragödie angenommen hat, wissen die meisten Journalisten. Oder sie ahnen es zumindest. Allerdings erinnern sie sich auch noch an ihre eigenen begeisterten Artikel über das kommende grüne Wunder. Sie wissen, dass nahezu alle Prognosen falsch waren. Aber diese Glaskugel-Vorhersagen standen bedauerlicherweise in ihren Blättern. Ihnen müsste auch klar sein, dass ihre dröhnende Dauerpropaganda von der unaufhaltsamen grünen Erfolgsgeschichte Zehntausende Anleger in ruinöse Investitionen getrieben hatte.

Möglicherweise wäre die Energiewende nicht in diesen Morast geraten, in dem sie feststeckt, wenn sie in den Medien mehr Kritiker mit volkswirtschaftlichem Handwerkszeug gefunden hätte und weniger Leitartikler mit Germanistendiplom und guten Absichten.

Andererseits: Jedes Projekt hat die Herolde, die es verdient.

5 – DER HEISSE ATEM

Islands grüne Energierevolution

Schauen Sie mal: Stahlplatten," sagt Andreas Sturm, und zeigt auf die Pförtnerloge der Serverhalle von VerneGlobal, einen flachen grauen Bau gleich neben dem Flughafen von Keflavik. „Die halten sogar Beschuss aus automatischen Waffen aus." Das graue Metall steht hier nicht für minimalistische Innenarchitektur, es dient einem Zweck, wie alles in diesen staublosen, ausgeleuchteten, ungeheizten und kamerabestückten Räumen. VerneGlobal betreibt im südwestlichen Zipfel Islands gleich mehrere Datenbunker dieser Art. Wer hier ohne Zugangserlaubnis durch die Pforten und Sicherheitsschleusen zu den eigentlichen Serverreihen vordringen wollte, der müsste schon Kampftruppen in Kompaniestärke mitbringen. Manager Andreas Sturm betreut vor allem Kunden aus Deutschland. Wenn Ingenieure von BMW in München ihre computeranimierten Autos in virtuelle Crashtests jagen, dann flackern in den Serverreihen von VerneGlobal die LED-Leuchten. Der Autohersteller lagert hier auch seinen kostbarsten Schatz: sämtliche Konstruktionsdaten seiner Modelle. Das nächste Serverregal beherbergt die Bytes eines großen Versicherungskonzerns.

Sturms Geschäft könnte nicht besser laufen. Gleich neben den Serverhallen wächst schon der Rohbau für einen neuen Datenbunker. Platz gibt es auf dem verlassenen

Militärstützpunkt der Nato noch reichlich. Auf der ehemaligen Airbase sieht es so aus, als hätte sich hier die Vorstellung des IT-Großunternehmers Gabriel Ice aus Thomas Pynchons Roman „Bleeding Egde“ schon verwirklicht, der davon träumt, riesenhafte Serverfarmen hoch im Norden zu errichten, „dort, wo die Wärmeabfuhr kein Problem darstellt“.

Der Ingenieur von VerneGlobal muss seinen Kunden in Kontinentaleuropa nur zwei Dinge vorrechnen: erstens, dass Daten viel Energie verschlingen. Gut ein Fünftel bis ein Viertel der IT-Kosten finden sich auf der Stromrechnung wieder. Rund 60 Prozent davon wiederum verbraucht normalerweise die Kühlung für die schrankgroßen Server und armdicken Kabel, die unentwegt Hitze abstrahlen. „Hier auf Island“, sagt Sturm und verzieht dabei die Mundwinkel nur leicht nach oben, „kühlen wir eher selten“. Die Innentemperatur in den Hallen entspricht einfach der Außentemperatur von neun Grad, ein moderater Wert für den isländischen Spätsommer. Und der Strom, der die Festplatten für die ganze Welt in Betrieb hält, fließt hier so billig, sauber und grenzenlos wie nirgends sonst in Europa. Seinen Kunden macht der VerneGlobal ein Angebot, das für deutsche Verhältnisse ebenso fantastisch wie vermessen klingt: Er garantiert Strom-Tiefstpreise für die nächsten zwanzig Jahre. Für künftige Kunden führt er Wartelisten.

Bis auf ein winziges Ölkraftwerk auf der vorgelagerten Insel Grimsey produziert Island seine Energie zu hundert Prozent aus eigenen Quellen: der Wasserkraft seiner Flüsse und der Hitze seines unterirdischen Magmas. Kein Land der Welt erzeugt pro Kopf der Bevölkerung so viel Energie. Und nirgends blüht derzeit das Geschäftsmodell so prächtig, gerade die Großverbraucher von Strom ins Land zu locken: die Datenabteilungen ganzer Konzerne oder Aluminiumhersteller, die hier schmelzen lassen. Auf Island findet sich kein Krümel Bauxit. Das Vulkanland mit seinen gerade einmal 330.000 Einwohnern stellt trotzdem gut zwei Prozent des weltweiten Aluminiums her. Schiffe landen den Rohstoff aus Europa und Amerika an und verfrachten die Aluminiumbarren zurück auf die Kontinente. Drei Aluminiumhütten arbeiten auf Island, Nummer vier befindet sich gerade in Planung.

Metallhersteller, Datenlageristen, Solarmodulzulieferer und andere großen Energieschlucker weltweit gehören zum natürlichen Kundenkreis von Rikardur Rikardson. Der 35-jährige Ingenieur kümmert sich bei Islands größtem Energieerzeuger Landsvirkjun um die Geschäftsentwicklung. Das heißt, um die Akquisition neuer Verbraucher. An Rikardson fallen sofort die muskulösen Oberarme auf. Man würde ihn eher für einen Trainer als für einen Energieexperten halten. Der ehemalige Leistungsschwimmer gehörte vor Jahren tatsächlich zur Olympiaauswahl, außerdem besitzt er den typischen Unternehmergeist der Isländer, den auch die Bankenkrise des Jahres 2008 nicht ernsthaft erschüttern konnte. Landsvirkjun produziert drei Viertel des Stroms auf Island, außerdem Wärme für Tausende Häuser. Unter den Herstellern von erneuerbarer Energie gehört das staatliche Unternehmen zu den großen in Europa, es liegt auf Platz acht. Dabei muss es nicht bleiben. Leute wie Rikardson machen sich Gedanken, wie das Land seinen Überfluss an grüner Energie am besten nutzen kann.

Sein Unternehmen betreibt 13 Wasserkraftwerke, zwei Geothermiewerke und die beiden einzigen Windräder Islands – ein Experiment, das sich die Firma neben ihrem Kerngeschäft leistet. Platz für neue Kraftwerke fände sich noch reichlich auf der Insel, die von Ost bis West etwa 700 Kilometer misst. Isländische Stromfabriken zeichnen sich dadurch aus, dass sie sich in der Landschaft fast verstecken. Der Besucher nimmt sie in der Regel erst richtig wahr, wenn er schon auf dem Firmenparkplatz steht, beispielsweise vor dem Búrfell-Kraftwerk, dem zweitgrößten Wasserkraftwerk des Landes. Es zapft dem Fluss Thjorsá, der normalerweise südlich um den Búrfell-Berg herum in die Ebene fließen würde, die Energie ab. Seit das Kraftwerk besteht, strömt das Wasser des Thjorsá stattdessen durch Rohre vom Hochplateau steil in den Felsen hinein und treibt dort sechs 45-Megawatt-Turbinen an. Die eigentliche Anlage befindet sich tief im Berg; außen steht nur ein kleines Empfangsgebäude. „Allein mit Búrfell könnten wir alle privaten Haushalte und alle Behörden in Island versorgen", sagt Rikardson. Auch die beiden Geothermie-Kraftwerke in Krafla und Bjarnflag stecken größtenteils in der Tiefe und stoßen nur Wasserdampfwolken von unterschiedlicher Intensität aus, als würde dort unten ein Gigant atmen.

Bei allem Überfluss an Energie nutzen die Isländer von all ihren Ressourcen – Wasser, Wärme, Wind – nur einen winzigen Bruchteil. Die Hitze der kochenden Quellen könnte fast überall angezapft werden. Ein Schwager von ihm, erzählt Rikardson, hatte eine Toilette seines Hauses in den Keller verlegt, dorthin, wo die Fußbodenheizung natürlich und kostenlos funktioniert: weil praktischerweise gleich unter dem

Fundament Wasser brodelt. Für keine Art der Energieerzeugung fließen auf Island auch nur eine Krone Subventionen, noch nicht einmal für die beiden Landsvirkjun-Windräder. Die Mühlen auf dem flachen, hoch gelegenen Lavafeld Hafid dürften zu den wirtschaftlichsten Turbinen in Europa gehören, an diesem Standort würde es sich eher lohnen, die wenigen windstillen Tage im Jahr zu zählen. Und obwohl sich der übergroße Teil der Kraftwerke in Staatshand befindet, mischt sich der Staat nicht durch Regulierungen in den Markt ein.

Ihren natürlichen Reichtum entdeckten die Inselbewohner spät, erst im zwanzigsten Jahrhundert. 1928 bohrten Geologen zum ersten Mal nach Erdwärme. Das älteste Wasserkraftwerk von Landsvirkjun, eine für heutige Verhältnisse winzige Anlage, stammt von 1937. Noch bis vor einer Generation verheizten die Nordländer vor allem teuer importierte Kohle und Öl, um Licht und Wärme zu produzieren. Eine Industrie existierte auf der Insel der Bauern und Fischer praktisch nicht; die US-Armee, die Keflavik ab 1942 zu ihrer nordatlantischen Nachschubbasis ausbauten, galt als begehrter Arbeitgeber. Isländische Familien investierten – wie alle Menschen in armen, unsicheren Gegenden – vor allem in Nachwuchs. „Meine Großmutter war das fünfte von sieben Kindern", sagt Rikardur Rikardson, „mein Vater das dritte von fünf, und ich der dritte von drei Kindern. Meine Großmutter ging nicht zur Schule. Alles, was sie an Bildung bekam, stammte von einem Priester, der hier in den Bergen von Hof zu Hof zog."

In nur einer Generation verwandelte sich das karge, abseits gelegene Land in einen Wohlstandsstaat mit zwei internationalen und sechs Kleinflughäfen, drei Universitäten, einer

Oper, einer hypermodernen Musikhalle (und einer noch immer wachsender Bevölkerung). Zwar zahlen die Isländer noch immer für die Finanz- und Bankenkrise, die Banken mit ihren Milliardenschulden befinden sich mittlerweile in Staatsbesitz. Die Wirtschaft wächst trotzdem, die Arbeitslosigkeit ist niedrig.

Ein neues Wasserkraftwerk brachte Landsvirkjun Ende 2013 ans Netz, aber das Unternehmen oder andere Investoren könnten mühelos noch ein Dutzend neue bauen, ohne der Umwelt zu schaden. Von der oberen Ecke Europas aus gesehen läuft mit der deutschen Energiewende ein gewaltiges Förderprogramm für die isländische Wirtschaft an. Über die beiden Datenkabel des isländischen Unternehmens Farice – eines nach Schottland, eines nach Dänemark – ließe sich jetzt schon der gesamte Internetverkehr Westeuropas in ein paar Millisekunden nach Norden schicken. Die Strompreise am anderen Ende treiben unaufhaltsam immer mehr Unternehmen ins Exil der billigen und sauberen Energie. Ganze IT-Abteilungen, Metallhersteller, möglicherweise folgt noch das eine oder andere Industrieunternehmen. Rikardur Rikardson denkt schon an den nächsten Schritt: Warum nicht den grünen Strom exportieren? Sein Unternehmen verhandelt gerade mit Partnern in Schottland über ein Seekabel, das den Strom in ein paar Jahren durch den Atlantik nach Süden schicken soll.

Für die Schotten, die im September 2014 über ihren Austritt aus dem Vereinigten Königreich entscheiden, wäre Energie aus Island allerdings nur eine kleiner strategischer Puffer. Sie wollen eigentlich gleich das gesamte isländische Modell importieren. Wasser- und Windressourcen gibt es in dem Land mehr als genug. Dudelsäcke, Single Malt? Stefan Buettner, Mitarbeiter der Unabhängigkeitspartei im schottischen Parlament, erzählt mit Vorliebe schon jetzt, wie er sich das Markenzeichen des neuen Staates vorstellt: „Wir wollen das Saudi-Arabien der erneuerbaren Energien werden."

Die grüne Energierevolution könnte ausgerechnet in den Rändern Europas ohne Subventionen siegen, mit Strom aus Wasser, Wind und Wärme, produziert in Island, Schottland und Norwegen und mit konkurrenzfähigem Sonnenstrom aus Spanien und Süditalien. Grünstrom, das lehrt schon eine kurze Exkursion durch Europa, ersetzt schon jetzt mühelos die fossile Energie, wo die Natur dazu einlädt. Vielleicht stellt es nicht den Gipfel der Planungskunst dar, dass sich Europas größtes Solarkraftwerk nicht auf Sizilien befindet, sondern in Brandenburg.

Deutschland kann den restlichen Ländern mit seiner real existierenden Energiewende als wertvolles Beispiel dienen: als abschreckendes Modell für Verschwendung und Größenwahn.

GLOSSAR

Ausfallarbeit

Ausfallarbeit wird die Menge des Stroms genannt, den Ökostromanlagen theoretisch produzieren könnten, der aber von den Übertragungsnetzen nicht mehr aufgenommen werden kann, weil deren Kapazität erschöpft ist. Dieses Phänomen tritt vor allem an sehr sonnen- beziehungsweise windreichen Tagen auf. Die Anlagen werden deshalb auf einem bestimmten Niveau abgeregelt. Für den Strom, den die Anlagen darüber hinaus erzeugen könnten, erhalten die Betreiber trotzdem die volle im Gesetz vorgesehene Vergütung. Rund 95 Prozent dieses fiktiv erzeugten und real bezahlten Stroms entfällt auf Windkraftanlagen.

Bundesnetzagentur

Fünf Netzbereiche überwacht die Bundesbehörde mit Sitz in Bonn: Elektrizität und Gas, Telekommunikation, Post und Bahn. Die Behörde legt die Netzentgelte fest, die die

Stromnetzbetreiber für ihre Dienstleistung kassieren. Außerdem prüft und bestätigt sie die Ausbaupläne für die Stromtrassen.

EEG-Umlage

Nach dem Erneuerbare-Energien-Gesetz (EEG) aus dem Jahr 2000 garantiert die EEG-Umlage den Erzeugern von Ökostrom eine feste Vergütung, die deutlich über dem Marktpreis liegt. Seit der Schaffung der Strombörse gleicht die EEG-Umlage die Differenz zwischen dem (niedrigen) Börsenstrompreis und den festen Einspeisevergütungen aus. Die EEG-Umlage wird – mit Ausnahme befreiter Unternehmen – von allen Stromverbrauchern als steuerähnlicher Aufschlag auf jede Kilowattstunde gezahlt. Seit Januar 2014 beträgt sie 6, 24 Cent.

Dena

Die Deutsche Energieagentur GmbH (dena) mit Sitz in Berlin versteht sich als Beratungs- und Analysezentrum für Energieeffizienz, erneuerbare Energien und Energiesysteme. Das im Jahr 2000 gegründete halbstaatliche Unternehmen gehört teils dem Bund und der Kreditanstalt für Wiederaufbau, teils privaten Gesellschaftern wie der Allianz, der Deutschen Bank und der DZ Bank. Wiederholt warnte die dena vor den Fehlentwicklungen der Energiewende.

Eigenstrom

Um der EEG-Umlage zu entgehen und die Versorgungssicherheit zu garantieren, produzieren immer mehr Unternehmen in Deutschland Strom in eigenen Kraftwerken. Aber auch Hausbesitzer von Solaranlagen verbrauchen ihren Strom zum guten Teil selbst. Die Eigenstromproduktion macht mittlerweile fünf Prozent der gesamten deutschen Stromproduktion aus. Wirtschafts- und Energieminister Sigmar Gabriel plant, von Eigenstromproduzenten künftig auch die EEG-Umlage zu verlangen.

Grundlast

Grundlast ist Strom, dessen Energiequelle jederzeit zur Verfügung steht, und der sich je nach Bedarf herauf- und herabregeln lässt. Grundlastfähig sind Kernkraftwerke, Kohle- und Gaskraftwerke, Ölkraftwerke, Holzfeuerungsanlagen, Wasserkraft- und Biogasanlagen, außerdem geothermische Kraftwerke.

Marktprämie

Seit 2012 können Betreiber von Ökoenergieanlagen ihren Strom selbst vermarkten, wenn sie das wünschen. Sie bringen ihr Produkt dann selbständig an Börse. Die Marktprämie gleicht die Differenz zwischen dem Erlös und der deutlich höheren festen Einspeisevergütung aus. Zur Berechnung der Marktprämie wird der durchschnittliche Börsenpreis herangezogen. Das bedeutet: Schafft es ein Grünstromproduzent, für sein Erzeugnis einen überdurchschnittlichen Preis an der Börse zu erzielen, weil er zu Zeiten großer Nachfrage verkauft, dann kann er mit dem Marktprämienmodel sogar noch mehr verdienen als auf dem üblichen Weg, nur die fest Einspeisevergütung zu kassieren. Obendrein gibt es noch eine so genannte Managementprämie für Ökostromer, um die Kosten des Börsenhandels auszugleichen. Die Marktprämie soll Grünstromhersteller dazu bringen, ihren Strom vorzugsweise dann anzubieten, wenn eine große Nachfrage danach herrscht. Eine generelle Verpflichtung zur Selbstvermarktung besteht allerdings nicht; sie soll nach dem Willen von Energieminister Gabriel erst allmählich in den kommenden Jahren eingeführt werden.

Merit Order

Nach dem Prinzip der Merit Order werden nach den Ökostromanlagen, die einen Einspeisevorrang genießen, die konventionellen Kraftwerke in der Rangfolge ihrer Erzeugungskosten zugeschaltet, und zwar die günstigsten zuerst – bis der jeweilige Strombedarf gedeckt ist.

Power to Gas

Wie lässt sich überschüssiger Strom speichern? Eine Lösung, auf die viele Planer der Energiewende setzen, lautet: Die elektrische Energie wird an Ort und Stelle in einen anderen Energieträger umgewandelt. Eine Möglichkeit bietet das so genannte Sabatier-Verfahren. Dabei wird der Strom genutzt, um per Elektrolyse aus Wasser Wasserstoff zu erzeugen. Aus dem Wasserstoff entstehen dann unter Hinzufügung von Kohlendioxid Methan und Wasser. Das gasförmige Methan kann gespeichert und bei Bedarf zur Stromerzeugung verbrannt werden (Rückverstromung). Anlagen dieser Art befinden sich allerdings noch im Erprobungsstadium. Das bisher ungelöste Problem: Ihr Wirkungsgrad liegt von der Stromabgabe bis zur Rückverstromung etwa bei 35 Prozent. Nach jetzigem Stand der Technik gehen 65 Prozent des ursprünglich eingesetzten Stroms durch die doppelte Umwandlung verloren.

Strombörse

Seit 2002 existiert die Strombörse European Energy Exchange (EEX) in Leipzig als Handelsplatz für langfristige Lieferkontrakte. An der Börse European Power Exchange (EPEX) in Paris findet seit 2009 der kurzfristige Handel mit Strommengen statt, der so genannte Spotmarkt. Die Etablierung der Strombörsen sorgte zum einen für einen Liberalisierungsschub im Strommarkte – während durch die Ökostromförderung in Deutschland gleichzeitig immer mehr planwirtschaftliche

Vorgaben entstanden. Der Widerspruch zwischen diesen beiden auseinanderstrebenden Entwicklungen hat sich in den vergangen Jahren immer weiter verschärft.

Übertragungsnetzbetreiber

Die vier Übertragungsnetzbetreiber Tennet, Amprion, Transnet BW und 50Hertz transportieren den Strom in Deutschland von den Erzeugern zu den Verbrauchern. Ihre Aufgabe besteht darin, die Stabilität in den Stromnetzen trotz starker Angebotsschwankungen des Ökostroms aufrecht zu erhalten, den Ökostrom an die Börse zu bringen und den Stromnetzausbau zu managen. Jeder Übertragungsnetzbetreiber bewirtschaftet als so genannter natürlicher Monopolist ein abgegrenztes Gebiet. Dem niederländischen Staatsunternehmen Tennet fällt die größte Fläche zu, die von der Nordsee bis zu den Alpen reicht. Transnet BW betreibt sein Netz im Südwesten, Amprion von Niedersachsen bis Süddeutschland; das Gebiet von 50Hertz ist mit den neuen Bundesländern identisch.

Volllaststunden

Da Ökostromanlagen wetter- beziehungsweise tagenszeitabhängig ihren Strom liefern (oder eben nicht), dient die Volllaststunde als Vergleichsgröße für die Leistungsfähigkeit von Anlagen. Dazu wird die tatsächliche Leistung einer Anlage mit den rechnerischen Stunden pro Jahr ins Verhältnis gesetzt, die bei maximaler Kapazität der Anlage (Volllast) nötig gewesen wären, um die entsprechende Wind- oder Solarstrommenge zu erzeugen. Durch die sehr unterschiedlichen geografischen Bedingungen in Deutschland differiert die Zahl der Volllaststunden erheblich. Für Windkraftanlagen in der Nordsee liegt sie im Schnitt bei 4 260 pro Jahr und Anlage, bei Turbinen in Baden-Württemberg bei durchschnittlich 1 252 Volllaststunden. Das Jahr hat 8 760 Stunden, Windanlagen im Südwesten liefern also rechnerisch noch nicht einmal in einem Viertel des Jahres Energie.

Bei Solaranlagen liegt die durchschnittliche Zahl der Volllaststunden mit 1079 in Sachsen am höchsten, in Niedersachsen mit 886 und Mecklenburg-Vorpommern mit 825 am niedrigsten.

ÜBER DEN AUTOR

Alexander Wendt, Jahrgang 1966, beschäftigt sich als Redakteur bei Focus seit 1995 mit Politik-, Wirtschafts- und Wissenschaftsthemen. Von 1989 bis 1995 arbeitete er als Redakteur und freier Journalist für die Wirtschaftswoche, den Stern, Tagesspiegel und andere Medien. Seit 2011 bloggt er außerdem auf der „Achse des Guten" (www.achgut.de). Im Focus gehören Energiewirtschaft und Strommarkt seit mehreren Jahren zu seinen Themen. Im Jahr 2012 schrieb er die Focus-Titelgeschichte „Die große Illusion" über die Fehler und Paradoxien der Energiewende.

Alexander Wendt lebt und arbeitet in München.

Webseite: alexander-wendt.com
E-Mail: alexander@alexander-wendt.com

44620176R00101

Printed in Poland
by Amazon Fulfillment
Poland Sp. z o.o., Wrocław